D1718027

Liborius Olaf Lumma

FÜR-BITTEN

LIBORIUS OLAF LUMMA

FÜR-BITTEN

DAS **ALLGEMEINE GEBET** IN DER EUCHARISTIEFEIER
UND ANDEREN GOTTESDIENSTEN FÜR ALLE ZEITEN
DES KIRCHENJAHRES UND FÜR BESONDERE ANLÄSSE

TYROLIA-VERLAG · INNSBRUCK-WIEN

Mitglied der Verlagsgruppe „engagement"

Bibliografische Information Der Deutschen Nationalbibliothek
Die Deutsche Nationalbibliothek verzeichnet diese Publikation in der
Deutschen Nationalbibliografie; detaillierte bibliografische Daten sind im Internet
über http://dnb.d-nb.de abrufbar.

2007
© Verlagsanstalt Tyrolia, Innsbruck
Umschlaggestaltung: Tyrolia-Verlag
unter Verwendung des Bildes „Heilung des Gichtbrüchigen" (byzant.)
Bildquellennachweis: akg-images / Erich Lessing
Layout und digitale Gestaltung: Tyrolia-Verlag
Druck und Bindung: MA-Tisk, Slowenien
ISBN 978-3-7022-2864-4
E-Mail: buchverlag@tyrolia.at
Internet: www.tyrolia.at

INHALT

TEIL III · DIE HOCHFESTE UND HERRENFESTE IM KALENDERJAHR

TEIL IV · KIRCHWEIHFEST UND HEILIGENFESTE ALLGEMEIN

TEIL V · SAKRAMENTE IM LEBEN DER GEMEINDE

TEIL VI · LEBEN DER KIRCHE

TEIL VII · EINHEIT DER CHRISTEN (ÖKUMENE)

TEIL VIII · AKTUELLE ANLÄSSE GESELLSCHAFTLICHE THEMEN

TEIL IX · TAGESZEITEN UND JAHRESZEITEN

TEIL X · ALLGEMEINE REIHEN

„FÜR-BITTEN"

1. Der Grundgedanke dieses Buches

Mit gutem Grund wird heute oft beklagt, das **Allgemeine Gebet** in der Eucharistiefeier und in anderen Gottesdiensten nähme zuweilen den Charakter von mehr oder weniger versteckten **Handlungsanweisungen** oder moralischen **Urteilsbekundungen** an. Formulierungen wie – um zwei etwas parodistische Beispiele zu nennen – „dass die heutige Kollekte eine hohe Summe einbringt" oder „dass die Politiker endlich lernen, die Situation am Arbeitsmarkt zu verbessern" konterkarieren das Anliegen des Allgemeinen Gebets, an dessen Wiederbelebung und Kultivierung dem II. Vatikanischen Konzil so viel gelegen war (vgl. SC 53). Kaum anders verhält es sich mit den vielen gewiss gut gemeinten Bitten, in denen der Beter Gott geradezu vorzuschreiben scheint, auf welche konkrete Weise er helfend seine Gnade erweisen soll. Auch kann es für die Gläubigen zur Belastungsprobe werden, sich in den Fürbitten noch einmal den Inhalt der Predigt sagen zu lassen, zu dessen Vermittlung der Prediger nun auch diesen Teil der Liturgie zweckentfremdet – von dem gefährlichsten aller Missbräuche der Fürbitten, nämlich sie zu einem Gebet *gegen* bestimmte Menschen zu machen, ganz zu schweigen.

Um angesichts solcher sehr unglücklicher Tendenzen eine Alternative anzubieten, ist dieses Buch entstanden. **Im Mittelpunkt der Fürbitten steht allein das „für", nicht das „dass", nicht das**

„um". Die Bitten sind allesamt an Gott, den Vater gerichtet, zu dem in der Liturgie alles Beten emporsteigt. Die Reihen orientieren sich zunächst an dem vom Messbuch vorgegebenen Grundschema Kirche – Regierende/Welt – Notleidende – Ortsgemeinde (vom II. Vatikanum noch ausformuliert als Kirche – Regierende – Notleidende – Welt; vgl. SC 53, AEM [2002] 70), das auf biblisches Zeugnis zurückgeht (1 Tim 2,1–2). Dieses Schema wird in den hier vorliegenden Entwürfen zumeist eingehalten und dabei jedes Mal um ein oder zwei, seltener um noch mehr Anliegen ergänzt. Oft legte es sich auch nahe, die eng verknüpften Motive „Kirche" und „Ortsgemeinde" zusammenzufassen und das eine aus dem anderen heraus zu entfalten. Einige Reihen weichen dann vom Ausgangsschema mehr oder weniger stark ab, um zu bestimmten Anlässen besondere Akzente zu setzen.

2. Der Aufbau

Die Reihen sind **passend zu sämtlichen Sonn- und Festtagen im Kirchenjahr** (Teile I und II), **zu den Hochfesten und Herrenfesten** (Teil III) **und den gängigen Commune-Formularen für Heiligenfeste** (Teil IV) entworfen. Dabei sind, wann immer es passend erschien, einzelne Fürbitten durch die Lesungstexte des Tages inspiriert. In den allermeisten Fällen lassen sich die Fürbittreihen der Sonntage „im Jahreskreis" auch allgemein, ohne speziellen Anlass verwenden. Ergänzt wird die Sammlung durch Entwürfe **zu verschiedenen kirchlichen, gesellschaftlichen und familiären Anlässen, zu besonderen Feiern oder aktuellen Ereignissen** (Teile V bis IX), so dass dieses Buch auch für Tagzeitenliturgie, Andachten, Gebet in kleinen Gruppen oder für das private Beten verwendet werden kann. Einen eigenen kleinen Block bilden dabei die Fürbitten, die besonders ökumenischen Anliegen nachgehen (Teil VII).

Die einzelnen Bezeichnungen dieser vielen **„thematischen Fürbitten"** sollen nur einen ersten Orientierungspunkt bilden. Die meisten Fürbittreihen sind für viele Anlässe oder auch ganz allgemein verwendbar; sie tragen nur an einer oder zwei Stellen einen besonderen inhaltlichen Akzent. Nur wenige Fürbittreihen (z. B. die Reihen „Kinder" oder „Tod – Sterblichkeit") sind ausschließlich auf einen einzigen thematischen Fokus beschränkt.

Den Abschluss bildet eine kleine Sammlung, die mit „**Allgemeine Reihen**" überschrieben ist (Teil X). Diese Fürbittreihen sind so gefasst, dass sie keinem bestimmten Thema zugeordnet sind und daher zu jeder Gelegenheit, sonntags wie werktags, verwendet werden können.

3. Die Sprache der Fürbitten

Fürbitten dürfen nicht zu einem Überdruss an neuen und unvertrauten Texten in der Liturgie führen. Daher bedarf ihr Vortrag – vor allem dort, wo einzelne Sätze etwas umfangreicher formuliert sind – **sprachlicher Kompetenz und gründlicher Vorbereitung** durch den Diakon als den „Anleiter" des Gemeindegebetes bzw. in seiner Vertretung durch Lektorin oder Lektor. Nicht in jedem Fall wird es daher möglich sein, die hier formulierten Texte von Kindern oder ganz ungeübten Leserinnen und Lesern vortragen zu lassen. Wer die Fürbitten vorträgt, muss sie sich zuerst selbst betend und verstehend zu eigen gemacht haben.

Die meisten Reihen folgen in ihrer sprachlichen Form einem litanei-ähnlichen „Rhythmus". Es hängt hier besonders von der Art des Vorlesens ab, ob diese Fürbitten von den Hörenden verstanden und ohne jede Hektik, in einer fast meditativen Grundhaltung aufgenommen und mitvollzogen werden können.

4. Das Gebet der Gläubigen – gesprochen, gesungen, gefeiert

Das Allgemeine Gebet richtet sich in feierlichem Vollzug an Gott, **in diesem liturgischen Akt drückt sich das priesterliche Amt aller Getauften aus** (SC 7, AEM [2002] 69), die berufen und befähigt sind, in den Anliegen von Kirche und Welt ihre Stimme zu Gott zu erheben. Die priesterliche Würde jeder Christin und jedes Christen besteht ja gerade darin, sich selbst zur Stimme einer zu Gott rufenden, erlösungsbedürftigen Schöpfung zu machen. Diese Erhabenheit der christlichen Berufung kann und soll auch in der liturgischen Gestaltung der Fürbitten wirklich erfahrbar werden. Daher sei dazu ermutigt, von den vielen Formen Gebrauch zu machen, mit denen gottesdienstliches Beten rituell gestaltet werden kann: etwa durch Verwendung von **Weihrauch** oder dadurch, dass der **Ruf nach jeder Bitte** nicht in blasser Schlichtheit aufgesagt, sondern gemeinsam gesungen wird, angeleitet durch eine Kantorin oder einen Kantor. Auch können die Bitten selbst gesungen werden; die Würde christlichen Betens zu Gott wird auf kaum eine andere Weise so intensiv spürbar – denn es ist ein erheblicher Unterschied, ob Texte wie alltägliche Informationen abgelesen oder in feierlicher Akklamation ausgerufen werden. Vor allem aber lohnt es sich, sich für die Erfahrung dieses liturgischen Aktes die nötige **Ruhe und Zeit** zu lassen; dazu kann auch die **Gebetsstille** gehören – vor oder auch anstelle des Fürbittrufes (vgl. AEM [2002] 71).

Es spricht übrigens auch nichts dagegen, die Fürbitten des Sonntags an den folgenden Werktagen zu wiederholen oder bestimmte „Lieblingsreihen" regelmäßig zu verwenden – ganz gleich, welchem speziellen Tag oder Anlass sie in diesem Buch zugeordnet sind. Gebetstexte können gerade durch Wiederholung intensiver zu eigen gemacht werden als beim einmaligen Hören.

5. Zum Schluss

Wenn diese Sammlung dazu beitragen kann, dass Gemeinden das Allgemeine Gebet als feierliche Anrufung Gottes zum Heil der Welt, als rituellen Vollzug des priesterlichen Amtes aller Getauften erfahren, oder wenn sie dazu anregen kann, selbst Fürbittreihen zu verfassen, die demselben Anliegen dienen, hat sie ihren Zweck mehr als erfüllt.

Liborius Olaf Lumma, Innsbruck

Praktische Hinweise zur Benützung dieses Buches

1. Gebetseinladung

Jede Fürbittreihe beginnt mit einer zum Gebet einladenden Einleitung, die von der Vorsteherin/dem Vorsteher der Feier (in der Eucharistiefeier also dem Priester) zu sprechen ist. Diese Einleitung ist mit (V) gekennzeichnet.

2. Fürbittruf

Direkt anschließend folgt der Ruf zu den Fürbitten (R). Der Ruf kann von einer Kantorin/einem Kantor vorgesungen und dann von allen wiederholt werden, oder er wird von der Lektorin/dem Lektor einmal vorgetragen und dann nach jeder Bitte direkt von der Gemeinde gemeinsam gesprochen. Zu jeder Fürbittreihe ist ein bestimmter Ruf angegeben; jedoch sind diese Rufe weitgehend austauschbar und sollen nicht daran hindern, einen anderen als den angegebenen Vers zu singen oder zu sprechen. Es empfiehlt sich, darauf zu achten, dass manche Fürbittrufe einen etwas anderen Charakter haben als andere: „Wir bitten dich, erhöre uns" setzt eher eine vorausgehende Gebetsstille voraus (in der jede und jeder Einzelne seine Bitte vor Gott tragen kann, um deren Erhörung nun gebeten wird), während „Herr, erbarme dich" dies nicht unbedingt verlangt (weil hier der Ruf um Gottes Erbarmen selbst der Inhalt des

Gebetes ist). – Der Ruf „Wir bitten dich, erhöre uns" kann etwa nach dem Schema von GL 358,1 oder 762,7 gesungen werden. In beiden Fällen kann dieser Ruf durch „Gott, unser Vater" oder „Lasset uns beten" nach dem angegebenen Schema durch eine Kantorin/einen Kantor eröffnet werden. „Herr, erbarme dich" lässt sich etwa nach GL 762,1 singen; „Kyrie eleison" nach 762,2. Auch andere Liederbücher enthalten ähnliche Rufe; zudem lassen sich andere Texte an die angegebenen Melodien anpassen. Mehrstimmige Kyrie-Rufe oder andere kurze Verse in Vertonungen der ostkirchlichen Tradition oder dem musikalischen Stil von Taizé bieten ebenfalls Möglichkeiten, den Akt der Fürbitten durch gesungenen Vollzug erheblich zu bereichern. Hierzu gehört auch die Möglichkeit, nicht nur den Ruf, sondern auch den Text der Bitte selbst zu singen, etwa nach dem einfachen Schema von GL 358,1.

3. Die einzelnen Fürbitten

Bei den einzelnen Fürbitten, die durch den Diakon oder eine Lektorin/einen Lektor (*L*) vorgetragen werden, sind all jene Passagen eingeklammert, die nur zu bestimmten aktuellen Anlässen passen und ansonsten weggelassen werden sollten. Ebenfalls eingeklammert ist stets die Fürbitte für die Verstorbenen, die am Ende steht. Hier sei es den Benützerinnen und Benützern überlassen, ob sie das Allgemeine Gebet nur den Lebenden oder auch den Verstorbenen widmen möchten.

Manche Fürbitten passen nur zu bestimmten Lesejahren; sie sind auf die Lesungen des jeweiligen Tages abgestimmt.

Diese Fürbitten sind im Druck etwas eingerückt und mit der Angabe des betreffenden Lesejahres versehen. So entstehen kleine eingerückte „Blöcke", innerhalb deren dann jeweils nur eine der abgedruckten Bitten vorzutragen ist.

4. Abschließende Oration

Jede Reihe endet mit einer abschließenden Oration durch die Vorsteherin/den Vorsteher, die in den meisten Fällen doxologischen Charakter hat und nur selten ein eigenes Gebetsanliegen entfaltet.

5. Die Grenzen inklusiver Sprache

Um bei längeren Sätzen den Text nicht ins Uferlose auszuweiten und zu verkomplizieren, wurde dort, wo geschlechtsneutrale Formulierungen nicht möglich schienen, auf inklusive Sprache verzichtet. Man möge dies nicht als mangelnde Sensibilität für die Anliegen einer geschlechterumfassenden Sprache verstehen, sondern als das Ergebnis eines Bemühens um Ausgleich zwischen den verschiedenen Anforderungen, die an gesprochenen Text zu stellen waren: Dazu gehörte auch, nicht zu oft auf unpersönliche oder zu ausladende Konstruktionen zurückzugreifen, die dann beim Hören nicht mehr verständlich wären oder zu „bürokratisch" wirken könnten. Im konkreten Einzelfall mag es durchaus möglich sein, neben der männlichen auch die weibliche Form des jeweiligen Begriffs zu nennen – hier lasse man sich nicht nur vom Sprachempfinden des Autors, sondern auch von der eigenen Erfahrung leiten.

ERSTER ADVENTSONNTAG 1

V *Lasst uns beten zu Gott*
in der Zeit des Advents, die wir heute beginnen,
der Zeit von Hoffnung, Umkehr und Erwartung:

R Erhöre uns, o Herr.

L Für alle, die an Christus glauben,
für alle, die in diesen Wochen ihren Glauben erneuern,
für alle, die der Welt die Ankunft Christi verkünden. – R

> *Lesejahre A und B:*
> Für alle, die sich vor Gott fürchten,
> für alle, die nicht an Gottes Liebe glauben,
> für alle, deren Glaube sich in Angst gewandelt hat. – R
> *Lesejahr C:*
> Für alle, die in Angst vor ihrer eigenen Zukunft sind,
> für alle, die vor Gott davonlaufen,
> für alle, die nicht an Erlösung glauben können. – R

Für alle Regierenden,
für alle, die den Gang der Geschichte maßgeblich gestalten,
für alle Mächtigen in Gesellschaft, Kultur und Wissenschaft. – R

Für alle Ausgestoßenen, die von den Menschen verachtet werden,
für alle Hungernden, die täglich ums Überleben kämpfen,
für alle Verzweifelten, die keine Hoffnung haben. – R

Für unsere Gemeinde,
für all die von uns, die krank sind und voller Sorge,
für alle, deren weiterer Lebensweg ungewiss ist. – R

[Für alle Verstorbenen,
für [N. und] alle Toten unserer Gemeinde,
für alle, denen nur Gott Leben in Fülle schenken kann. – R]

V *Guter Gott, du kommst uns entgegen, du willst unsere Befreiung und*
Erlösung. Darum dürfen wir unsere Bitten vor dich tragen.

Wir danken dir, guter Gott, wir danken dir und preisen dich
im Heiligen Geist durch Jesus Christus, unseren Herrn.

ZWEITER ADVENTSONNTAG 2

V *Lasst uns voll Vertrauen beten zu Gott,*
   dem Ziel all unserer Hoffnung und adventlicher Erwartung:

R Wir bitten dich, erhöre uns.

L Für die Christenheit auf der ganzen Welt,
   die Kirchen und Gemeinden,
   die in diesen Wochen ihren Glauben erneuern. – R

   Für die Unsicheren und Zweifelnden,
   die ratlos sind in ihrem Suchen nach Gott. – R

   Für die Menschen,
   denen die Begrenztheit ihres Daseins vor Augen steht,
   für die, die voller Hoffnung sind,
   und auch für die, die jede Hoffnung verloren haben. – R

   Für die Menschen,
   denen die Zeit des Advents Hektik und Stress bedeutet;
   und für die,
   die in den Wintermonaten um ihr Leben fürchten. – R

   [Für unsere Verstorbenen [besonders für N.]
   in der Hoffnung auf ewiges Leben in Fülle. – R]

V *Allmächtiger Gott,*
   dir vertrauen wir uns an, zu dir rufen wir,
   der du kommen willst,
   um alle Tränen zu trocknen und die Welt zu erlösen.
   Wir ehren dich, wir preisen dich
   im Heiligen Geist durch Jesus Christus, unseren Herrn.

DRITTER ADVENTSONNTAG 3

V *In dieser Zeit der Hoffnung auf das Kommen Christi*
lasst uns beten zu Gott, dem Ziel all unserer Sehnsucht:

R Herr, erbarme dich.

L Für unsere Gemeinde, unsere Kirche und alle christlichen Kirchen,
die auf Weihnachten zugehen. – R

> *Lesejahr A:*
> Für die Blinden, Lahmen und Tauben,
> für alle Menschen,
> die auf Heilung an Leib und Seele hoffen. – R
> *Lesejahr B:*
> Für alle, die nach Christus suchen,
> für alle, die nicht an Christus glauben,
> für alle, die Christus nicht kennen. – R
> *Lesejahr C:*
> Für alle, die nach Rat und Wegweisung suchen,
> für alle, die nach der Wahrheit streben,
> für alle, die nach einem Erlöser Ausschau halten. – R

Für die Staaten und Völker der Welt
und für alle, die sich nach Frieden sehnen. – R

Für die Kinder und Jugendlichen
und für alle, die voller Hoffnung und Träume sind. – R

Für die Menschen, die in Armut, Trauer und Angst leben, und für
alle, die das adventliche Treiben nur als Hohn empfinden können. – R

[Für [N. und] alle Verstorbenen,
die niemand retten kann als Gott allein. – R]

V *Gott, in unserer Erwartung auf Erlösung dürfen wir voll Zuversicht*
sein, denn du hast uns deine rettende Nähe offenbart.
Dafür danken wir dir und preisen dich
im Heiligen Geist durch Jesus Christus, unseren Herrn.

VIERTER ADVENTSONNTAG 4

V *In diesen vorweihnachtlichen Tagen*
lasst uns voll Zuversicht und Vertrauen zu Gott beten:

R Kyrie eleison.

L Lasst uns beten für unseren Papst N., unseren Bischof N.
und für alle Verantwortlichen in unserer Kirche. – R

Lasst uns beten für unsere Gemeinde
und für alle christlichen Kirchen und Gemeinschaften,
die das Fest der Geburt Christi erwarten. – R

Lasst uns beten für alle, die die Staaten der Erde regieren,
denen die Sorge um Frieden und Wohlfahrt der Völker anvertraut
ist. – R

Lasst uns beten für alle, die in Erwartung leben:
besonders für die schwangeren Frauen und die werdenden Väter;
und für alle Menschen, die vor wichtigen Ereignissen stehen. – R

Lasst uns beten für alle, die voller Sorgen sind,
die auf eine bessere Zukunft hoffen;
und auch für alle, die die Hoffnung aufgegeben haben. – R

Lasst uns beten für alle Opfer von Bosheit, Hass und Gewalt,
besonders diejenigen,
die nicht mehr an einen liebenden Gott glauben können. – R

[Lasst uns beten für [N. und] alle Verstorbenen,
deren Dasein ganz in Gottes Händen liegt. – R]

V *Dir, Gott, vertrauen wir,*
denn du vermagst der Welt eine gute Zukunft zu schenken.
Dich, Gott, loben wir,
dich, Gott, ehren wir
im Heiligen Geist durch Jesus Christus, unseren Herrn.

HEILIGE NACHT   5

V *In dieser festlichen Nacht,*
  da Gott Mensch wurde in Jesus Christus,
  lasst uns voll Vertrauen beten
  zu ihm, dem Schöpfer und Retter der Welt:

R Wir bitten dich, erhöre uns.

L Für unsere Gemeinde,
   für unsere ganze Kirche und für alle christlichen Gemeinschaften,
   die mit uns das Fest der Geburt des Herrn begehen. – R

   Für unsere Stadt N., unser Land,
   für die Menschen in allen Ländern der Erde,
   denen Gott seine Botschaft des Friedens verkünden will. – R

   Für die Regierenden,
   vor allem in [N. und] allen Kriegs- und Krisengebieten der Erde,
   für alle, die diese Tage nicht in Frieden begehen können,
   die von Gewalt und Vertreibung bedroht sind. – R

   Für unsere kranken Angehörigen und Freunde,
   für die, die diese festlichen Tage allein und einsam begehen,
   und für alle, denen das Weihnachtsfest keine Freude bereitet. – R

   Für die Hungernden, die Frierenden in unserer Stadt
   und der ganzen Welt,
   für alle Notleidenden und Verzweifelten,
   die keine Hoffnung haben und die sich nach Hilfe sehnen. – R

   [Für unsere verstorbenen Angehörigen und Freunde,
   für alle, deren Leben zu Ende ging
   und die nun ganz in Gottes Händen ruhen. – R]

V *Gütiger, menschenfreundlicher Gott,*
  in dieser Nacht hast du dich der Welt zugeneigt
  und uns deinen Sohn gesandt.
  So vertrauen wir uns dir an

und legen unsere Bitten in deine Hand.
Wir loben dich, wir ehren dich
im Heiligen Geist durch ihn, deinen Sohn,
Jesus Christus, unseren Herrn.

GEBURT DES HERRN   6
ERSTER WEIHNACHTSTAG

V *Lasst uns beten zu Gott,*
   der sich als Mensch offenbart hat
   und der unser Dasein in seinen liebenden Händen hält:

R Du König des Himmels, erhöre uns.

L Für den Papst und die Bischöfe, die Priester und Diakone
   und für alle, die die Weihnachtsbotschaft verkünden. – R

   Für unsere Gemeinde und die ganze Christenheit,
   die an diesem festlichen Tag der Menschwerdung Gottes gedenkt. – R

   Für die Menschen, die nicht an Christus glauben,
   die auf anderen Wegen nach der Wahrheit suchen;
   für alle, denen die Weihnachtsbotschaft gleichgültig
   oder gar ein Ärgernis ist. – R

   Für die Menschen, die Frieden stiften;
   im Heiligen Land, in Kriegsgebieten und überall in der Welt;
   in der Familie und im Freundeskreis. – R

   Für die Menschen, die Gewalt statt Frieden säen;
   die nicht ablassen können von Wut und Hass,
   von Aggression und Zerstörung. – R

   Für die Menschen, die in diesen Tagen einsam sind;
   die hungern, die krank sind und arm,
   verlassen und heimatlos;
   die keinen Grund zur Freude spüren. – R

[Für [N. und] alle Verstorbenen;
die, die wir vermissen,
und auch die, an die sich niemand mehr erinnert. – R]

V *Liebender Gott,*
du hörst unsere menschliche Stimme;
unsere Sorgen und Bitten sind dir nicht fremd,
du selbst wolltest ja Mensch sein inmitten der Menschen.
Dafür danken wir dir an diesem Tag,
wir loben dich und preisen dich im Heiligen Geist
durch Jesus Christus, deinen Sohn,
den du zu uns gesandt hast als unseren Erlöser und Herrn.

HEILIGE FAMILIE   7

V *Lasst uns an diesem Tag Fürbitte halten*
in den Anliegen unserer Familien und unserer Gemeinden,
in den Anliegen von Kirche und Welt:

R Erbarme dich deines Volkes.

L Für die Familien und Gemeinschaften,
die ihr Leben aus dem Glauben an Christus gestalten. – R

Für die Alleinerziehenden. – R

Für die Familien,
deren Zusammenleben getrübt ist
durch Enttäuschung und Überforderung. – R

Für die Menschen,
deren Alltag von Streit und Gewalt geprägt ist. – R

Für die Kinder und Jugendlichen,
die ihren Platz in der Welt noch finden müssen. – R

Für die Einsamen,
deren Suche nach Liebe und Gemeinschaft erfolglos geblieben ist. – R

[Für [N. und] alle Verstorbenen,
die uns vorausgegangen sind zum himmlischen Vater. – R]

V *Gott, du hältst deine schützende Hand*
über unsere Familien und unsere Gemeinde.
Erfülle uns mit Glauben und Einsicht,
damit unser gemeinsames Leben gelingen kann
und wir der Welt Zeugnis geben von deiner schöpferischen Liebe.
Darum bitten wir dich im Heiligen Geist
durch Jesus Christus, unseren Herrn.

ZWEITER SONNTAG NACH WEIHNACHTEN 8

V *Lasst uns beten zu Gott, der seinen Sohn auf die Welt gesandt*
und uns so seine liebende Nähe bezeugt hat:

R Herr, erbarme dich unser.

L Für unsere Gemeinde, alle christlichen Kirchen
und für alle, die die Frohe Botschaft verkünden;
für alle, die durch Kunst und Musik Jesus Christus bezeugen. – R

Für alle, die die Heilige Schrift betrachten und erforschen;
die sich der Auslegung des Wortes Gottes widmen
und die Frohe Botschaft immer neu fruchtbar machen. – R

Für die Regierenden, die Sorge tragen um den Frieden der Völker;
für alle, die in der Gesellschaft ihren Beitrag leisten,
dass Hass und Gewalt nicht das letzte Wort haben. – R

Für die Trauernden, Verzweifelten und Alleingelassenen;
für alle, die in diesen Tagen Angst, Not und Einsamkeit erfahren. – R

Für die Familien, für die Alleinerziehenden,
für die Gemeinschaften, die miteinander das neue Jahr beginnen;
für alle, die ihr Leben gestalten
aus dem Glauben an Christus, das Wort Gottes. – R

[Für die Verstorbenen,
besonders jene, die wir in diesen Tagen in unserer Nähe vermissen;
für alle Toten, deren Hoffnung ganz in Gottes Händen liegt. – R]

V *Gütiger Gott,*
dir vertrauen wir unsere Anliegen an;
denn du selbst willst ja mitten unter den Menschen sein.
Wir loben dich und preisen dich
im Heiligen Geist durch deinen Sohn Jesus Christus, unseren Herrn.

ERSCHEINUNG DES HERRN   9

V *Lasst uns unsere Bitten vor Gott tragen,*
der erschienen ist, damit wir durch ihn das Heil erfahren:

R Kyrie eleison.

L Für alle, denen die Sorge um die Weitergabe des Glaubens
anvertraut ist:
die Bischöfe, Gemeindeleiter und Katecheten,
die Prediger, Missionare und Theologen
und alle Verantwortlichen in den christlichen Kirchen. – R

Für alle Mächtigen in der Welt:
die Könige und die Regierenden,
die Richter und die Verwalter,
die Reichen und die Einflussreichen
und alle, die Gottes Schöpfung ordnen und gestalten. – R

Für alle, die arm sind und schwach:
die Ungeborenen und die Kinder,
die Kranken und die Hungernden,
die Ausgebeuteten und die Hilfesuchenden
und alle, deren Leben bedroht oder
zur Enttäuschung geworden ist. – R

Für alle, die das neue Jahr im Blick auf Gott begonnen haben:
mit Hoffnungen und Sehnsüchten,
mit Vorsätzen und Plänen,
mit Ängsten und Sorgen,
und alle, die ein Leben führen
aus der Suche nach Wahrheit und Gerechtigkeit. – R

[Für die Verstorbenen:
die Bekannten und die Unbekannten,
die Geliebten und die Ungeliebten,
die Gerechten und die Ungerechten,
und alle, deren Leben allein in Gottes Händen liegt. – R]

V *Gott,*
   du hast dich uns offenbart
   als liebender, menschenfreundlicher wahrer König.
   Dir vertrauen wir uns an,
   dich loben und ehren wir
   im Heiligen Geist durch Jesus Christus, unseren Herrn.

TAUFE DES HERRN   10

V *An diesem festlichen Tag*
   lasst uns voll Hoffnung und Vertrauen zu Gott beten,
   der den Himmel für uns geöffnet hat:

R Du König des Himmels, erhöre uns.

L Für unseren Papst N., unseren Bischof N.,
   die Bischöfe, Priester und Diakone
   und alle, denen die Weitergabe des Evangeliums anvertraut ist. – R

   Für uns selbst und für alle Getauften. – R

   Für alle, die sich auf ihre eigene Taufe vorbereiten,
   die sich zu Gott bekennen und um seinen Geist bitten. – R

Für alle, denen der Glaube an Jesus Christus nichts bedeutet,
die auf anderen Wegen nach Sinn und Wahrheit suchen,
und für alle, die an Christus glauben wollen und es doch nicht
können. – R

Für alle Kranken und Trauernden, alle Armen und Verzweifelten,
besonders für die, die die Hoffnung
auf einen menschenfreundlichen Gott verloren haben. – R

[Für die Sterbenden [und für die, deren Leben zu Ende ging]
in der Hoffnung auf einen offenen Himmel. – R]

V *Gott, du bist uns Menschen nahe,*
   du bist auf die Erde gekommen als Mensch unter Menschen.
   So vertrauen wir dir unsere Nöte an,
   wir danken dir für deine Liebe, wir loben dich und preisen dich
   im Heiligen Geist durch Jesus Christus, unseren Herrn.

ASCHERMITTWOCH   11

V *Lasst uns beten zu Gott*
   um seinen Schutz auf unserem Weg zum Osterfest:

R Herr, erbarme dich.

L Für alle Christinnen und Christen,
   die heute aufs Neue den Weg der Umkehr wagen. – R

   Für alle Menschen, die in Gottes Namen das Evangelium
   verkünden. – R

   Für alle Menschen, an denen wir schuldig geworden sind. – R

   Für alle Menschen, die in das Böse verstrickt sind. – R

   Für alle Menschen, die sich schwertun, zu verzeihen. – R

   Für alle Menschen, die Opfer von Gewalt und Bosheit geworden
   sind. – R

[Für alle Menschen, die unversöhnt gestorben sind. – R]

V Barmherziger Gott,
vieles von dem, was wir erbitten, ist unserer Macht entzogen.
Doch wir glauben, dass du Wege findest,
die Welt zu Frieden und Versöhnung zu führen.
Dafür danken wir dir und preisen dich
im Heiligen Geist durch Jesus Christus, unseren Herrn.

ERSTER SONNTAG   12
DER ÖSTERLICHEN BUSSZEIT

V Lasst uns beten zu Gott, dem Ziel unseres Weges,
dem Ziel unserer Umkehr, dem Ziel unseres Gebets:

R Erhöre unser Gebet.

L Für unsere Gemeinde, unsere Kirche und alle Christen,
besonders für die von uns, die in Seelsorge und Religionsunterricht
andere auf ihrem Glaubensweg begleiten. – R

Für alle, die in diesen vierzig Tagen bewusst auf Gottsuche gehen;
im Gebet, in der Stille, in Exerzitien,
in Kirchen und Klöstern und auf Pilgerreisen. – R

Lesejahr A:
Für alle, die schuldig geworden sind
an Gott und den Menschen,
die des Zuspruchs und der Vergebung bedürfen. – R
Lesejahr B:
Für alle Kinder und Erwachsenen, die vor der Taufe stehen,
und für alle, die sich auf Erstkommunion und Firmung
vorbereiten. – R
Lesejahr C:
Für alle, die in ihrem Herzen nicht glauben können,
was sie mit ihrem Mund bekennen. – R

Für die Mächtigen in der Welt, besonders für alle, die in Erziehung
und Rechtswesen über andere Menschen urteilen. – R

Für die Notleidenden,
besonders für alle, die ausgestoßen und missachtet sind. – R

[Für die Verstorbenen, besonders für alle,
die in ihrem Leben schwere Schuld auf sich geladen haben. – R]

V   *Gott, deine Gnade kommt uns voll Menschenfreundlichkeit entgegen.*
    Erhöre uns und lass uns auf unserem Weg zu dir nicht scheitern.
    Darum bitten wir im Heiligen Geist
    durch Jesus Christus, unseren Herrn.

ZWEITER SONNTAG   13
DER ÖSTERLICHEN BUSSZEIT

V   *Lasst uns beten zu Gott,*
    der unseren Sorgen mit seiner befreienden Macht entgegenkommt:

R   Erhöre uns, o Herr.

L   Lasst uns beten für die ganze Kirche,
    besonders für unseren Papst N. und unseren Bischof N.,
    und für alle, die an Christus glauben. – R

    Lasst uns beten für die Regierenden, die Mächtigen
    in Politik und Wirtschaft, in Kultur und Wissenschaft. – R

    Lesejahr A:
    Lasst uns beten für alle, die wegen ihres Glaubens
    Bedrohung und Verfolgung erleiden. – R
    Lesejahr B:
    Lasst uns beten für alle,
    die nicht an Gottes Güte und Verzeihung glauben. – R

Lesejahr C:
Lasst uns beten für alle,
die keine Hoffnung auf die Auferstehung haben. – R

Lasst uns beten für alle, die Not erleiden, die in Armut und
Krankheit leben, in Trauer, Schmerz und Hoffnungslosigkeit. – R

Lasst uns beten für alle, die sich in Schuld verstrickt haben,
für uns selbst in unseren Fehlern und unserem Scheitern. – R

[Lasst uns beten für [N. und] alle Verstorbenen,
in der Hoffnung, dass sich an ihnen Gottes Verheißung erfüllt. – R]

V *Gott, zu allen Zeiten hast du das Gebet der Menschen erhört.*
So vertrauen auch wir uns dir an und bitten dich,
dass du zu uns kommst mit deiner Leben spendenden Gnade.
Sei gepriesen, du menschenfreundlicher Gott,
sei gepriesen im Heiligen Geist durch Jesus Christus, unseren Herrn.

DRITTER SONNTAG   14
DER ÖSTERLICHEN BUSSZEIT

V *In dieser Zeit der Umkehr und Buße lasst uns beten zu Gott,*
dem Schöpfer und Bewahrer unseres Lebens:

R Wir bitten dich, erhöre uns.

L Für die christlichen Kirchen und die, die ihnen vorstehen. – R

    Lesejahr A:
    Für alle Menschen, die voller Sehnsucht nach Gott dürsten. – R
    Lesejahr B:
    Für alle Menschen,
    die voller Eifer sind für die Kirche, das Haus Gottes. – R
    Lesejahr C:
    Für alle Menschen,
    die dem Ruf nach Umkehr kein Gehör schenken. – R

Für die Mächtigen
in den Staaten und Gesellschaften der Erde. – R

Für alle Menschen, die Gutes tun,
und auch für die,
die willentlich nach Hass und Zerstörung streben. – R

Für alle Menschen, die durch unser eigenes Tun
zu Opfern von Wut und Aggression wurden. – R

[Für [N. und] alle Verstorbenen,
denen niemand helfen kann als Gott allein. – R]

V   *Gott, du führst uns selbst zu dir;*
und all unser Gebet hörst du voll Liebe.
Dafür danken wir dir, wir loben dich und preisen dich
im Heiligen Geist durch Jesus Christus, unseren Herrn.

Vierter Sonntag   15
der Österlichen Busszeit

V   *Lasst uns beten zu Gott, dem Ziel unserer Umkehr,*
der uns Versöhnung und Liebe schenkt:

R   Kyrie eleison.

L   Für unsere Kirche; für alle Christinnen und Christen,
die sich in diesen vierzig Tagen neu auf Gott ausrichten. – R

Für die, die sich in dieser Zeit auf ihre Taufe,
auf Firmung und Erstkommunion vorbereiten,
für alle, denen ein wichtiger Schritt
in ihrem Glauben bevorsteht. – R

Lesejahr A:
Für die, die Gott nicht erkennen und doch auf ihn hoffen;
für alle, denen nur seine Gnade die Augen öffnen kann. – R
Lesejahr B:
Für die, die sich vor Gott fürchten;
für alle, die nicht an Versöhnung glauben können. – R
Lesejahr C:
Für die, die nicht verzeihen
und sich nicht mit anderen freuen können;
für alle, die sich dem Frieden verweigern. – R

Für die, die in der Gesellschaft Führungsaufgaben erfüllen;
für alle, die Verantwortung tragen für das Leben der Völker. – R

Für die, die nicht umkehren wollen;
für alle, denen die Kraft zum Neuanfang fehlt. – R

Für die, die Not leiden;
für alle, die in Armut und Hunger,
in Angst und Krankheit leben. – R

[Für die Verstorbenen, die nun vor Gott stehen;
für [N. und] alle, denen nur er Leben in Fülle schenken kann. – R]

V *Gott, zu dir rufen wir,*
denn du hörst uns an trotz all unserer Schuld.
Sei uns gnädig,
wenn wir vor dich treten mit unseren Bitten;
schenke uns Frieden
und die Erfüllung unserer Sehnsucht;
jetzt im Leben und einst in Ewigkeit.
Darum bitten wir dich im Heiligen Geist
durch Jesus Christus, unseren Herrn.

FÜNFTER SONNTAG DER ÖSTERLICHEN BUSSZEIT 16

V *Lasst uns voll Vertrauen zu Gott beten,*
der all unsere Wege mit seinem Schutz begleitet:

R Schenk uns dein Erbarmen.

L Für unsere Gemeinde, unsere ganze Kirche
und für alle christlichen Kirchen, die dem Osterfest
entgegengehen. – R

Für die Regierenden, die Sorge tragen
um Wohlfahrt und Gerechtigkeit. – R

Für alle, die sich in dieser Zeit um gute Werke an ihren Nächsten,
an den Kranken und Schwachen bemühen. – R

Für alle, die schuldig geworden sind
an Gott und den Menschen. – R

Für alle, die arm sind, schwach und schutzlos
und die auf Rettung hoffen. – R

> *Lesejahr A:*
> Für alle Schwerkranken,
> besonders für die,
> die nicht mehr an Heilung und Leben glauben. – R
> *Lesejahr B:*
> Für alle, die Angst vor ihrem eigenen Sterben haben. – R
> *Lesejahr C:*
> Für alle, die von ihren Mitmenschen
> verurteilt und herabgewürdigt werden,
> besonders für die,
> die durch unser eigenes Tun erniedrigt worden sind. – R

[Für [N. und] alle Verstorbenen
in der Hoffnung auf Gottes machtvolle Liebe. – R]

V Gott, du Gott des Lebens,
   trotz aller Schuld und allen Versagens bist du uns nahe,
   wenn wir zu dir rufen.
   Dich loben wir, dich preisen wir
   im Heiligen Geist durch Jesus Christus, unseren Herrn.

PALMSONNTAG 17

V Jesus Christus ist dem Leid nicht ausgewichen;
   er hat sich dem Willen Gottes anvertraut.
   Zu diesem Gott, der auch das Leid und den Tod umschließt,
   lasst uns beten:

R Herr, erbarme dich unser.

L Für die ganze Kirche Jesu Christi,
   besonders für die von uns,
   die wegen ihres Glaubens belächelt, verspottet und
   verfolgt werden. – R

   Für alle, die nicht an Christus glauben,
   besonders für diejenigen,
   die keine Hoffnung auf ewiges Leben in Fülle haben. – R

   Für die Mächtigen,
   besonders für diejenigen, deren Urteil über Frieden und Krieg,
   über Leben und Tod entscheidet. – R

   Für die Sünder,
   besonders für alle,
   durch deren Schuld andere Menschen ihr Leben gelassen haben. – R

   Für die Leidenden,
   besonders für diejenigen,
   die enttäuscht und verraten worden sind. – R

[Für die Verstorbenen,
besonders für [N. und für] alle,
die in dieser vorösterlichen Zeit gestorben sind. – R]

V   *Allmächtiger Gott,*
    du hörst die Stimme derer, die zu dir rufen,
    du hältst unser Leben in deiner liebenden Hand.
    Dafür danken wir dir und preisen dich
    im Heiligen Geist durch Jesus Christus, unseren Herrn.

HOHER DONNERSTAG   18
GRÜNDONNERSTAG

V   *Jesus Christus hat sich dem Willen Gottes anvertraut;*
    sein Leben hat er hingegeben für uns und die ganze Welt.
    Im Glauben an ihn lasst uns voll Vertrauen zu Gott,
    unserem Vater, beten:

R   Herr, erbarme dich.

L   Lasst uns beten für alle Bischöfe und Priester unserer Kirche,
    denen der Dienst an der Eucharistie anvertraut ist;
    lasst uns auch beten für uns selbst
    und für alle Gemeinden, die in dieser Stunde gemeinsam
    mit uns den Leib und das Blut des Herrn im Zeichen von
    Brot und Wein empfangen. – R

    Lasst uns beten für alle,
    die sich in der Nachfolge Christi in den Dienst der Menschen stellen;
    lasst uns auch beten für alle Menschen,
    die von uns Hilfe ersehnen und doch am Rand stehen. – R

    Lasst uns beten für alle,
    die für ihren Glauben und ihre Überzeugungen

von den Menschen verfolgt und verachtet werden;
lasst uns auch beten für alle,
die selbst Gewalt ausüben,
andere Menschen bedrohen und unterdrücken
oder sie in psychische Abhängigkeit führen. – R

[Lasst uns beten für alle Sterbenden,
für uns selbst, die wir sterblich sind,
für die ganze Schöpfung,
die dem Lauf von Werden und Vergehen unterworfen ist;
lasst uns auch beten für alle,
die schon verstorben sind
und denen Gottes Verheißung des ewigen Lebens gilt. – R]

V *Zu dir, Gott, wenden wir uns an diesem Tag,*
der uns hineinführt in das Geheimnis der Hingabe Jesu Christi,
in dem sich uns deine grenzenlose Liebe offenbart.
Dir, Gott, danken wir, dich loben wir, dich ehren wir
im Heiligen Geist durch Jesus Christus, unseren Herrn.

Karfreitag

Das Allgemeine Gebet steht am Karfreitag ganz im Zeichen der
„Großen Fürbitten" der Karfreitagsliturgie. Wer an diesem Tag
– etwa in der Tagzeitenliturgie oder bei einer Kreuzwegandacht
– andere Fürbitten verwenden will, kann aus den vorliegenden
Entwürfen beispielsweise auf die Reihe 17 (Palmsonntag),
33 (Herz-Jesu-Fest), 86 (Märtyrerfeste) oder 104 (Suche nach Gott)
zurückgreifen.

AUFERSTEHUNG DES HERRN   19
OSTERNACHT

V *Christus ist auferstanden.*
   Leid und Tod, Sünde und Zerstörung haben nicht das letzte Wort.
   Lasst uns nun voll Hoffnung und Zuversicht
   mit unseren Bitten vor Gott treten:

R Kyrie eleison.

L Lasst uns beten für unsere Kirche
   und alle christlichen Kirchen auf dem Erdenrund,
   für alle, die in dieser heiligen Nacht getauft werden,
   für alle, die heute das Geheimnis der Auferstehung feiern. – R

   Lasst uns beten für alle, die den Glauben bezeugen,
   für alle, die die Osterbotschaft verkünden,
   für alle, die mit Wort und Tat von Christus Kunde geben. – R

   Lasst uns beten für alle,
   denen das Schicksal der Völker anvertraut ist,
   für alle, die über Politik, Wirtschaft und Kultur bestimmen,
   für alle, die Einfluss nehmen auf den Gang der Geschichte. – R

   Lasst uns beten für alle Menschen auf der ganzen Erde,
   die nach Sinn und Wahrheit suchen,
   für alle, die in Lauterkeit des Herzens leben,
   für alle, die gemäß ihrem Glauben nach dem Guten streben. – R

   Lasst uns beten für alle Menschen,
   die von schweren Schicksalsschlägen getroffen sind,
   für alle, die arm sind und obdachlos, krank und verzweifelt,
   für alle, die nicht mehr aus noch ein wissen. – R

   Lasst uns in dieser festlichen Stunde auch beten
   für unsere Gemeinde,
   für alle, die aus der Kraft des Glaubens leben,
   für alle, die unsere Gemeinschaft im Geist Jesu Christi
   mitgestalten. – R

[Lasst uns beten für alle Verstorbenen,
auf deren ewiges Leben wir hoffen,
für alle, die von uns gegangen sind, die wir vermissen, und für alle,
die vergessen worden sind im Strom der Geschichte. – R]

V *Wunderbarer Gott, in dieser heiligen Nacht*
offenbarst du uns deine rettende Liebe und Menschenfreundlichkeit.
Dir können wir anvertrauen, was uns bewegt,
unsere Nöte und Sorgen, unsere Hoffnung und unsere Zuversicht.
Dich, wunderbarer Gott, loben wir, dich ehren wir, dir danken wir
im Heiligen Geist durch Jesus Christus, unseren Herrn.

AUFERSTEHUNG DES HERRN   20
OSTERSONNTAG

V *Christus ist vom Tod erstanden. Der Weg zum Vater steht uns offen.*
So lasst uns voll Vertrauen beten:

R Kyrie eleison.

L Für die Christenheit auf der ganzen Welt
und für alle, die heute in die Kirche aufgenommen wurden,
lasst uns beten zum Herrn. – *R*

Für die Mächtigen in Politik, Wirtschaft und Kultur
und für alle, die Einfluss haben auf den Gang der Welt,
lasst uns beten zum Herrn. – *R*

Für die Menschen, die Unfrieden säen und Gewalt verüben,
lasst uns beten zum Herrn. – *R*

Für die Kranken an Leib und Seele
lasst uns beten zum Herrn. – *R*

Für alle Menschen, die Gewalt erleiden,
die Krieg und Hunger, Angst und Verachtung erfahren,
lasst uns beten zum Herrn. – *R*

Für die Sterbenden
lasst uns beten zum Herrn. – R

[Für [N. und] all unsere Toten,
die uns vorausgegangen sind aus diesem Leben,
lasst uns beten zum Herrn. – R]

V *Wunderbarer Gott,*
du kannst Gutes schaffen, wo wir Menschen nur noch Böses sehen.
Du kannst Leben schaffen, wo wir nur Tod sehen.
So danken wir dir, dass du uns in unseren Anliegen hörst,
wir loben dich und preisen dich
im Heiligen Geist durch Jesus Christus, unseren Herrn.

OSTERMONTAG   21

V *Erfüllt von Freude über die Auferstehung Christi*
lasst uns voll Zuversicht zu Gott beten:

R Wir bitten dich, erhöre uns.

L Für alle christlichen Kirchen und Gemeinschaften,
die von dem Brot leben, das Christus für uns gebrochen hat. – R

Für das jüdische Volk, das Gott sich als erstes erwählte,
für die Völker der Erde und die Regierenden,
und für alle, die sich nach Frieden sehnen. – R

Für alle Menschen, die nicht an Christus glauben,
die auf anderen Wegen nach dem Sinn des Lebens suchen,
und für alle, die jede Hoffnung auf Leben in Fülle verloren haben. – R

Für alle Menschen,
die verstrickt sind in Gewalt und Zerstörung. – R

Für die Armen, die Kranken und Hungernden
und für alle, die leiden unter Hass und Grausamkeit. – R

Für alle, die diesen Tag
im Kreis von Familie und Freunden begehen,
für die Menschen, die heute arbeiten müssen,
und für alle Reisenden zu Lande, zu Wasser und in der Luft. – R

[Für alle, die uns vorausgegangen sind aus diesem Leben,
für [N. und] die Verstorbenen aus unserer Gemeinde
und für alle Toten, auf deren Erlösung wir hoffen. – R]

V *Guter Gott, du Gott, der unser Leben dem Tod entreißt,*
zu dir ruft die Kirche voll österlicher Zuversicht.
Dir vertrauen wir uns an, dich loben wir, dich ehren wir
im Heiligen Geist durch Jesus Christus, unseren Herrn.

ZWEITER SONNTAG DER OSTERZEIT 22

V *Gott hat sich uns offenbart als ein Gott,*
der das Leben liebt und den Tod besiegt.
So lasst uns voll Vertrauen unsere Anliegen und Nöte
in seine Hand legen:

R Herr, erbarme dich unser.

L Lasst uns beten für die Leitenden aller christlichen Kirchen
und Gemeinden; und für alle, denen die Sorge um
die Verkündigung des Glaubens anvertraut ist. – R

> *Wenn heute in der Gemeinde Erstkommunion gefeiert wird:*
> Lasst uns beten für die Kinder,
> die heute ihre Erstkommunion feiern;
> und für alle, die ihnen im Glauben Wegweiser sind. – R

> *Wenn das Evangelium vom „ungläubigen Thomas" gelesen wird:*
> Lasst uns beten für die, die nicht an Gott glauben können;
> und für alle, die nach der Wahrheit und dem Guten streben. – R

Lasst uns beten für die Mächtigen auf der Erde
und für alle Menschen, die sich im Kleinen wie im Großen
um Frieden und Gerechtigkeit mühen. – R

Lasst uns beten für die Not leidenden Menschen,
die hungern nach Nahrung, Freiheit und Gerechtigkeit;
und für alle, die keinen Sinn in ihrem Leben mehr sehen. – R

Lasst uns beten für alle Frauen und Männer,
die das Leben unserer Gemeinde mitgestalten;
und auch für alle, die bei uns keine Zuwendung
und keine geistliche Heimat erfahren. – R

[Lasst uns beten für die Verstorbenen,
die wir in unserer Gemeinschaft vermissen;
und für alle Toten, deren Weg allein in Gottes Händen liegt. – R]

V *Gott, du hörst auf unser Beten,*
   du vermagst unsere Not in österlichen Frieden zu verwandeln.
   Dafür danken wir dir, wir loben und preisen dich
   im Heiligen Geist durch Jesus Christus, unseren Herrn.

DRITTER SONNTAG DER OSTERZEIT   23

V *In österlicher Freude und Zuversicht lasst uns beten zu Gott,*
   unserem Herrn:

R Kyrie eleison.

L   *Wenn das Evangelium von den Emmausjüngern gelesen wird:*
     Für die Bischöfe und Priester,
     die heute mit ihren Gemeinden das Brot brechen. – R
     Wenn ein anderes Evangelium gelesen wird:
     Für die Bischöfe in ihrem Hirtenamt. – R

Für die Regierenden, die Mächtigen und Einflussreichen
in allen Ländern der Erde. – R

Für alle, deren Leben von Not und Traurigkeit geprägt ist. – R

Für alle, die nicht an die Auferstehung glauben können. – R

Für die Notleidenden und die Sterbenden. – R

Für unsere Gemeinde und für die ganze Christenheit. – R

[Für [N. und] alle Verstorbenen
in der Hoffnung auf ewiges Leben. – R]

V *Gott, du Gott des Lebens,*
auf deine rettende Liebe bauen wir,
denn wunderbar sind deine Taten.
Dich loben wir, dich preisen wir
im Heiligen Geist durch Jesus Christus, unseren Herrn.

Vierter Sonntag der Osterzeit   24

V *Gott behütet uns, wie ein Hirt seine Herde behütet.*
So lasst uns voll Vertrauen und österlicher Zuversicht zu ihm beten:

R Erbarme dich deines Volkes.

L Für unseren Papst N., unseren Bischof N. und alle Bischöfe,
denen in der Nachfolge der Apostel das Hirtenamt anvertraut ist. – R

Für alle, die Führungsaufgaben erfüllen müssen;
in Kirche und Politik, in Wirtschaft, Erziehung und Wissenschaft. – R

Für alle, die mit Aufgaben betraut wurden,
die ihnen zu schwer sind;
die unter der Last ihres Amtes leiden,
die ausgebrannt und überfordert sind. – R

Für alle, die zu Opfern von schlechten Hirten geworden sind;
die körperlich und seelisch missbraucht wurden. – R

Für unsere eigene Gemeinde. – R

[Für [N. und] alle Verstorbenen,
deren Leben für immer behütet sei bei Gott,
dem wahren Hirten. – R]

V *Gütiger Gott,*
   du bist uns nahe in unserem Sehnen,
   unseren Bitten und unseren Nöten.
   Dir dürfen wir uns anvertrauen,
   denn du hältst unser Leben in deiner liebenden Hand.
   Dafür danken wir dir und preisen dich
   im Heiligen Geist durch Jesus Christus, unseren Herrn.

FÜNFTER SONNTAG DER OSTERZEIT   25

V *Zu Gott, der uns eine bleibende Wohnung bei sich bereitet hat,*
   lasst uns beten:

R Erhöre unser Gebet.

L Für alle christlichen Kirchen und Gemeinschaften. – R

   Für alle, die in dieser Osterzeit
   Taufe, Firmung und Erstkommunion empfangen [haben]. – R

   Für alle, die sich im Namen Christi
   um die Wahrheit des Glaubens,
   um Nächstenliebe und Gerechtigkeit bemühen. – R

   Für die Regierenden in unserer Stadt,
   unserem Land und der ganzen Welt. – R

Lesejahre A und B:
Für alle, die heimatlos sind;
für die Fremden in unserem Land
und für alle, die keine Orientierung in ihrem Leben haben. – R
Lesejahr C:
Für alle, die nicht lieben können;
und für alle, die sich nach Liebe sehnen
und doch allein und einsam sind. – R

Für die Kranken, die Trauernden und Leidenden. – R

[Für [N. und] alle Verstorbenen. – R]

V *Gott, du nimmst uns bei dir auf,*
du nimmst auch unsere Bitten an.
Du willst das Gute für uns,
du hast uns den Weg in den Himmel geöffnet.
So bitten wir dich um die Erfüllung unserer Sehnsucht
und unserer Hoffnung auf Leben.
Wir bitten dich, wir rufen zu dir
im Heiligen Geist durch Jesus Christus, unseren Herrn.

SECHSTER SONNTAG DER OSTERZEIT   26

V *In dieser Zeit der österlichen Freude*
lasst uns unsere Bitten, unsere Anliegen und Nöte
vor Gott, unseren Vater, tragen:

R Schenk uns dein Erbarmen.

L   *Lesejahr A:*
   Lasst uns beten für unsere Kirche,
   besonders für all jene,
   die in diesen Wochen Taufe und Firmung empfangen
   und um die Gaben des Heiligen Geistes bitten. – R

Lesejahr B:
Lasst uns beten für unsere Kirche,
besonders für all jene,
die ihr Leben ganz in den Dienst ihrer Mitmenschen stellen. – R
Lesejahr C:
Lasst uns beten für unsere Kirche,
besonders für all jene,
die sich im Namen Jesu Christi um Frieden
zwischen Menschen und zwischen Völkern bemühen. – R

Lasst uns beten für alle Regierenden auf der ganzen Welt,
besonders für all jene, die nicht nach Weisheit und Gerechtigkeit,
sondern nur nach ihrem Eigennutz streben. – R

Lasst uns beten für alle Kinder und Jugendlichen,
besonders für all jene, die es schwer haben,
einen sinnvollen Weg für ihr Leben zu finden. – R

Lasst uns beten für alle Notleidenden,
besonders für all jene,
die nicht mehr an eine bessere Zukunft glauben können. – R

Lasst uns beten für unsere Gemeinde,
besonders für all jene, die in diesen österlichen Wochen neu zum
Glauben gefunden haben. – R

[Lasst uns beten für alle Verstorbenen,
besonders für all jene,
die uns Vorbilder im Glauben gewesen sind. – R]

V *Gott, dein Heiliger Geist ergänzt,*
was unseren Worten fehlt, wenn wir zu dir beten.
So wissen wir, dass wir uns allezeit an dich wenden dürfen,
denn du wandelst alles Unvermögen in Kraft und Liebe.
Dafür danken wir dir und preisen dich
im Heiligen Geist durch Jesus Christus, unseren Herrn.

CHRISTI HIMMELFAHRT   27

V *In Jesus Christus hat Gott sich offenbart*
   als ein menschenfreundlicher Gott,
   der uns den Weg zu ewigem Leben eröffnet.
   So lasst uns voll Zuversicht unsere Anliegen vor ihn tragen:

R Du König des Himmels, erhöre uns.

L Für alle, die in unserer Kirche Gemeinden leiten
   und am heutigen Tag das Wort Gottes verkünden. – R

   Für alle Christinnen und Christen, alle Kirchen und Gemeinschaften,
   die im Bekenntnis zur Auferweckung und Himmelfahrt Jesu Christi
   vereint sind. – R

   Für alle Menschen,
   die sich um Wahrheit, Frieden und Gerechtigkeit bemühen;
   in Politik und Wissenschaft, in Kultur und Religion,
   in Erziehung und sozialen Diensten. – R

   Für alle Menschen,
   denen das Leben zur Qual geworden ist,
   die keine Hoffnung mehr haben
   und vor Not und Angst nicht mehr weiterwissen. – R

   Für unsere Gemeinde,
   für alle, die gemeinsam ihr Leben gestalten
   in Partnerschaften, Ehen und Familien;
   und für die von uns, die allein leben. – R

   [Für [N. und] alle Verstorbenen
   in der Hoffnung,
   dass sie gemeinsam mit Christus
   in die ewige Herrlichkeit eingehen. – R]

V *Du, Gott, hörst unsere Bitten;*
   so wie du den Tod Jesu in Leben verwandelt hast,
   vermagst du auch all unsere Not in Freude zu verwandeln.

So vertrauen wir uns dir an; wir loben dich und preisen dich
im Heiligen Geist durch Jesus Christus, unseren Herrn.

SIEBTER SONNTAG DER OSTERZEIT   28

V *In der Auferweckung seines Sohnes*
   hat Gott uns seine Liebe und Güte offenbart.
   Zu ihm lasst uns voll Vertrauen beten:

R Herr, erbarme dich.

L Für unsere Gemeinde und unsere ganze Kirche;
   für alle christlichen Kirchen,
   vereint im Glauben an die Auferstehung Christi
   und an das Kommen des Heiligen Geistes. – R

   Für die Menschen, die unser Land regieren;
   für alle Mächtigen in Politik, Wirtschaft und Kultur. – R

     Lesejahr A:
     Für die Menschen, die leiden müssen, weil sie Christen sind;
     für alle, die wegen ihrer Überzeugungen verfolgt werden. – R
     Lesejahr B:
     Für die Menschen, die Orientierung suchen;
     für alle, die fragen nach Wahrheit, Sinn und Leben. – R
     Lesejahr C:
     Für die Menschen, die nicht an Gott glauben;
     für alle, die keine Hoffnung haben auf ein gutes Ende. – R

   Für die Menschen, die an ihrer Schuld verzweifeln;
   für alle, die sich sehnen nach Zuspruch und Versöhnung. – R

   Für die Menschen, die Opfer von Hass und Gewalt geworden sind;
   für alle, die nicht mehr an das Gute glauben. – R

   Für die Menschen, die krank sind und voller Sorge;
   für alle, die leiden an Armut und Missachtung. – R

[Für die Menschen, die von uns gegangen sind;
für alle geliebten Verstorbenen und auch für die Vergessenen. – R]

V *Gott, du Gott des Lebens,*
auf deine Huld vertrauen wir,
denn du vermagst alle Angst in Freude,
allen Tod in Leben zu verwandeln.
Sei gepriesen, du menschenfreundlicher Gott,
im Heiligen Geist,
durch Jesus Christus, deinen auferstandenen Sohn, unseren Herrn.

HOCHFEST DES HEILIGEN GEISTES   29
PFINGSTSONNTAG

V *Lasst uns beten zu Gott um die Gaben des Heiligen Geistes:*

R Gott, sende herab deinen Geist.

L Für unseren Papst N., unseren Bischof N.
und für alle, die im Dienst der christlichen Verkündigung stehen. – R

Für alle, die weitreichende Entscheidungen zu treffen haben
in Politik, Wirtschaft und Kultur. – R

Für alle, die vor einer Weichenstellung in ihrem Leben stehen. – R

Für alle, die nicht wissen, wie ihr Leben weitergehen soll. – R

Für die Sterbenden, die auf Beistand hoffen. – R

Für unsere eigene Gemeinde
und für alle christlichen Kirchen und Gemeinschaften,
die wir immer wieder neu der göttlichen Gaben bedürfen. – R

[Für [N. und] alle Verstorbenen,
auf deren ewiges Leben in Freude und Herrlichkeit wir hoffen. – R]

V *Allmächtiger Gott,*
dein Geist ergänzt, was unseren menschlichen Worten fehlt,
wenn wir zu dir beten.
Dafür danken wir dir, darum vertrauen wir dir,
wir loben dich und preisen dich
durch Jesus Christus, unseren Herrn.

PFINGSTMONTAG 30

V *Lasst uns beten zu Gott um die Gaben des Heiligen Geistes:*

R Gott, sende herab deinen Geist.

L Für die Leiter der christlichen Kirchen, für die Theologen
und für alle, die sich im Bekenntnis zu dem einen Gott
um sichtbare Einheit der Christen bemühen. – R

Für alle, die sich dem Zeugnis des Glaubens
und der Weitergabe der Frohen Botschaft widmen. – R

Für alle, die an Gott glauben wollen
und es doch nicht können. – R

Für alle, die in sozialen Diensten, in Familie und Freundeskreis
Gottes Liebe erfahrbar werden lassen. – R

Für alle, die durch Kunst, Musik und Literatur
von Gottes Wohltaten künden. – R

Für alle, die von schweren Schicksalsschlägen getroffen wurden,
besonders für jene, die nicht mehr an einen guten Gott glauben
können. – R

[Für [N. und] alle Verstorbenen,
für die wir ewige Gemeinschaft mit dem Vater erhoffen. – R]

V *Allmächtiger Gott, du hast uns deinen Heiligen Geist zugesagt.*
Er stehe uns bei, wenn wir uns an dich wenden,

damit wir die richtigen Worte finden
und du uns voll Liebe und Nähe erhörst.
Darum bitten wir dich durch Jesus Christus, deinen Sohn,
der uns deinen Geist bezeugt und geschenkt hat
als unseren Beistand für alle Zeit und in Ewigkeit.

DREIFALTIGKEITSSONNTAG 31

V *Lasst uns beten zu Gott, unserem Vater,*
  durch Jesus Christus, unseren Herrn,
  in der Kraft des Heiligen Geistes:

R Erhöre uns, o Herr.

L Für die christlichen Kirchen,
  für alle, die ein Amt ausüben in Leitung und Verkündigung;
  und für alle, die vereint sind im Glauben an den dreifaltigen Gott.
  – R

  Für die Politikerinnen und Politiker,
  für alle, die Entscheidungen treffen in Wirtschaft und Gesellschaft;
  und für alle, die das Leben der Völker prägen und gestalten. – R

  Lesejahr A:
  Für die, die sich der Liebe verweigern,
  für alle, die Unfrieden stiften,
  und für alle, denen die Suche nach Wahrheit gleichgültig ist. – R
  Lesejahr B:
  Für die, die sich vor Gott fürchten,
  für alle, die Gott nicht kennen,
  und für alle, denen das Christentum ein Ärgernis ist. – R
  Lesejahr C:
  Für die, die für ihren Glauben bedrängt werden,
  für alle, die für Christus verfolgt werden,
  und für alle, die für ihre Überzeugungen verachtet werden. – R

Für die Notleidenden,
für alle, die Hunger und Krankheit, Armut und Angst erfahren,
und für alle, die in Trauer und Mutlosigkeit leben. – *R*

Für uns selbst, für unsere Gemeinde
und für alle, mit denen wir unseren Alltag teilen. – *R*

[Für [N. und für] alle Verstorbenen aus unserer Gemeinde,
für alle, die uns als Zeugen des Glauben vorausgegangen sind,
und für alle Menschen aus allen Völkern und Kulturen,
deren Leben zu Ende gegangen ist. – *R*]

V   *Allmächtiger Gott,*
du umgibst uns mit deiner lebensspendenden Liebe.
Zu dir rufen wir, dir vertrauen wir uns an, in der Kraft des Heiligen
Geistes durch Jesus Christus, unseren Herrn.

FRONLEICHNAM   32

V   *Lasst uns beten zu Gott, dessen Wort uns zusammengeführt hat:*

R   Wir bitten dich, erhöre uns.

L   Für unsere Gemeinde und für alle,
die sich um das Wort und das Mahl des Herrn versammeln. – *R*

Für alle christlichen Kirchen,
die aus dem Evangelium leben und es der Welt bezeugen. – *R*

Für alle Menschen, die nicht an Christus glauben,
denen sein Wort und sein Mahl nichts bedeuten. – *R*

Für alle Menschen, denen das tägliche Brot fehlt
und denen gute Worte allein nicht genügen. – *R*

Für alle Menschen, die anderen ihre Nahrung wegnehmen,
sie in Armut klein halten,
ihnen Hilfe und Fürsorge verweigern. – *R*

[Für [N. und] all unsere Verstorbenen,
deren Sehnsucht nach Sättigung und Leben
niemand erfüllen kann als Gott allein. – R]

V *Lebenspendender Gott,*
du sorgst für dein Volk und nährst es mit deiner Liebe.
Dafür danken wir dir in dieser Stunde, wir ehren dich und loben dich
im Heiligen Geist durch Jesus Christus, unseren Herrn.

HERZ-JESU-FEST 33

V *In Christus hat Gott sich uns offenbart*
in aller Menschenfreundlichkeit und Liebe.
Lasst uns zu ihm beten, denn er hört unsere Stimme
und hält unser Leben in seiner Hand geborgen:

R Schenk uns dein Erbarmen.

L Für unseren Papst N., unseren Bischof N.,
alle Priester, Prediger und Katecheten,
die beauftragt sind, das Geheimnis des Glaubens zu verkünden. – *R*

Für alle Christinnen und Christen,
die in Familie und Beruf ihr Leben aus dem Glauben gestalten,
und für alle Menschen auf der ganzen Welt,
die guten Willens nach Frieden und Gerechtigkeit streben. – *R*

Für die Regierenden in unserem Land und auf der ganzen Erde,
die das Leben der Völker ordnen und leiten. – *R*

> *Lesejahr A:*
> Für alle, die sich unter schweren Lasten plagen,
> die leiden an Angst, Verzweiflung und Überforderung. – *R*
> *Lesejahr B:*
> Für alle, die verfolgt werden, die unter Gewalt und Terror leiden,
> die nicht in Frieden und Freiheit leben können. – *R*

Lesejahr C:
Für alle, die schuldig geworden sind,
die der Vergebung bedürfen,
und für alle Menschen, die ihr Leben neu ausrichten. – R

Für alle, die Hunger leiden,
die krank sind und mit ständigen Schmerzen leben,
und auch für die Menschen,
denen Gerechtigkeit und Anerkennung fehlt. – R

[Für [N. und] alle Verstorbenen,
deren Leben allein in Gottes Händen liegt. – R]

V　*Barmherziger Gott,*
bei dir ist unser Leben geborgen,
all unser Denken, Bitten und Hoffen.
Dich preisen wir, dir danken wir, dir vertrauen wir uns an
im Heiligen Geist durch Jesus Christus, unseren Herrn.

ERSTER SONNTAG IM JAHRESKREIS
siehe Nr. 10: Taufe des Herrn

ZWEITER SONNTAG IM JAHRESKREIS　　　34

V　*Lasst uns Fürbitte halten in den Anliegen von Kirche und Welt:*

R　Gott, sende herab deinen Geist.

L　　*Lesejahr A:*
　　Für alle, die sich auf ihre Taufe vorbereiten,
　　und für die ganze Christenheit. – R
　　Lesejahr B:
　　Für die Bischöfe, die Nachfolger der Apostel,
　　für unsere Kirche und für alle christlichen Kirchen. – R

Lesejahr C:
Für die Ehepaare in unserer Kirche,
und für alle, die sich auf ihre Hochzeit vorbereiten. – *R*

Für alle, die Einfluss ausüben in Medien, Wirtschaft und Politik,
und für diejenigen, deren Meinung ungehört bleibt. – *R*

Für alle, die in Streit leben, die unversöhnt sind,
und für die, die Schuld auf sich geladen haben
und nicht mehr weiterwissen. – *R*

Für die Kranken, Hungernden und Armen,
für die Leidenden und für die Sterbenden. – *R*

[Für alle Verstorbenen,
besonders für [N. und] die Toten, an die wir heute denken. – *R*]

V *Allmächtiger Gott,*
deine Hand hältst du über uns,
zu dir dürfen wir voll Zuversicht beten.
Dafür danken wir dir, wir loben und preisen dich
im Heiligen Geist durch Jesus Christus, unseren Herrn.

DRITTER SONNTAG IM JAHRESKREIS 35

V *Lasst uns beten zu Gott um das Heil der Welt:*

R Kyrie eleison.

L   *Lesejahre A und B:*
    Lasst uns beten für die Bischöfe, die Nachfolger der Apostel,
    besonders für unseren Diözesanbischof N. – *R*
    Lesejahr C:
    Lasst uns beten für alle, die im Namen Christi
    das Wort der Heiligen Schrift verkünden,
    besonders für die Bischöfe, Gemeindeleiter und Missionare. – *R*

Lasst uns beten für die Mächtigen
in Politik und Wirtschaft, in Medien und Justiz,
besonders für alle, die in diesen Tagen
schwere Entscheidungen zu treffen haben. – R

> *Lesejahr A:*
> Lasst uns beten für alle zerstrittenen Gemeinschaften,
> für alle unversöhnt auseinandergegangenen Paare
> und besonders die Kinder, die aufwachsen müssen
> inmitten von Enttäuschung und Sprachlosigkeit. – R
>
> *Lesejahr B:*
> Lasst uns beten für alle, die gesündigt haben,
> besonders die, denen ihr Unrecht nicht bewusst ist. – R
>
> *Lesejahr C:*
> Lasst uns beten für die Armen, Kranken und Gefangenen,
> besonders für alle, die nicht aufgehört haben,
> an das Gute zu glauben. – R

Lasst uns beten für unsere eigene Gemeinde,
besonders für alle, die nach neuer Kraft für ihren Glauben suchen.
– R

[Lasst uns beten für [N. und] alle Verstorbenen,
besonders für die, die vergessen worden sind im Strom der Geschichte. – R]

V *Gott, du Herr über Leben und Tod,*
nimm unsere Gebete an
und verwandle all unsere Sehnsucht in Freude und Leben.
Darum bitten wir dich im Heiligen Geist
durch Jesus Christus, unseren Herrn.

VIERTER SONNTAG IM JAHRESKREIS 36

V *Gott ist bei denen, die zu ihm rufen;*
so lasst uns jetzt voll Vertrauen beten:

R Erhöre unser Gebet.

L Für unsere Gemeinde und für die ganze Kirche,
für alle christlichen Kirchen und Gemeinschaften,
für alle Menschen, die ihr Leben nach Gott ausrichten. – R

Für die Politikerinnen und Politiker in unserem Land,
für die Polizisten, Staatsanwälte und Richter,
für alle Menschen, die Macht und Verantwortung ausüben. – R

> *Lesejahr A:*
> Für die Armen, Trauernden und Hungernden,
> für alle, die um der Gerechtigkeit willen verfolgt werden;
> für alle Unterdrückten und Unfreien. – R
> *Lesejahr B:*
> Für die Suchtkranken,
> für alle, die an Leib und Seele leiden,
> für alle, die nicht mehr Herr über ihr Handeln sind. – R
> *Lesejahr C:*
> Für die Kinder und Jugendlichen,
> für alle, die ihren Lebensweg noch finden müssen. – R

Für alle, die Frieden stiften in Familie und Freundeskreis,
für die Soldatinnen und Soldaten in Kriegsgebieten,
für die Versöhnungsboten zwischen den Völkern. – R

[Für [N. und] die Verstorbenen, derer wir heute gedenken,
für die Menschen, die uns im Glauben Vorbild waren,
für alle Toten, die ganz in Gottes Händen liegen. – R]

V *Allmächtiger Gott, du bist allen nahe, für die wir beten.*
Wir danken dir für deine Treue und preisen dich
im Heiligen Geist durch Jesus Christus, unseren Herrn.

FÜNFTER SONNTAG IM JAHRESKREIS 37

V *Lasst uns beten für die Menschen,*
die wir Gottes Weisheit und Allmacht anvertrauen:

R Herr, erbarme dich.

L *Lesejahre A und B:*
Für alle, die in Kirche und Welt das Wort Gottes verkünden
und Zeugnis ablegen durch gute Werke. – R
Lesejahr C:
Für alle Bischöfe in der Nachfolge der Apostel,
besonders für unseren Diözesanbischof N. – R

Für alle, die Verantwortung tragen in Politik und Gesellschaft,
in Justiz und Wissenschaft, in Medien und Erziehung. – R

Lesejahr A:
Für alle, die sich nach Licht für ihr Dasein sehnen;
denen das Salz des Lebens fehlt. – R
Lesejahre B und C:
Für alle, die bedroht sind an Leib und Seele;
die sich vor ihrem Untergang fürchten. – R

In den Anliegen,
die wir aus der Tiefe unseres Herzens still vor Gott tragen. – R

Für unsere eigene Gemeinde;
[für unsere evangelische/orthodoxe ... Nachbargemeinde N.,]
für alle Christinnen und Christen in unserer Stadt. – R

[Für [N. und] alle Verstorbenen
in der Hoffnung auf ewiges Leben bei Gott. – R]

V *Allmächtiger Gott,*
erhöre unser Beten, ergänze, was ihm fehlt,
und komm uns mit deiner Zuwendung entgegen.
Darum bitten wir im Heiligen Geist
durch Jesus Christus, unseren Herrn.

SECHSTER SONNTAG IM JAHRESKREIS 38

V *Lasst uns beten zu Gott, unserem Vater:*

R Herr, erbarme dich unser.

L Für unseren Bischof N. und unser ganzes Bistum,
für unseren Papst N. und unsere ganze Kirche,
für alle Priester, Eltern und Religionslehrer,
die den Glauben weitergeben. – *R*

Für die Regierenden in unserem Land und allen Ländern der Erde,
für die Einflussreichen in Wirtschaft und Wissenschaft,
in Medien und Kultur,
für alle Menschen, deren Entscheidungen
das Leben der Völker beeinflusst. – *R*

> *Lesejahr A:*
> Für die Mörder,
> für alle, die ihre Mitmenschen beschimpfen und verhöhnen,
> für alle, die anderen Menschen Schaden zugefügt haben. – *R*
> *Lesejahr B:*
> Für jene, die von Krankheit gezeichnet sind,
> für alle, die von ihren Mitmenschen verachtet werden,
> für alle, die sich nach Zuwendung und Hilfe sehnen. – *R*
> *Lesejahr C:*
> Für die Armen, die Trauernden und Hungernden,
> für alle, die um der Gerechtigkeit willen verfolgt werden;
> für alle, die bekämpft und unterdrückt sind. – *R*

Für unsere Gemeinde;
für alle, die unser gemeinsames Leben tragen,
für uns selbst.

[Für [N. und] alle Toten,
für alle, die uns Vorbild waren im Glauben,
und für die Opfer von Krieg und Hass, Terror und Gewalt. – *R*]

V Gütiger Gott,
du schenkst uns dein Wohlwollen und deine Liebe,
du neigst dein Ohr zu unseren Bitten.
Sei gepriesen, barmherziger Gott, sei gelobt und gepriesen
im Heiligen Geist durch Jesus Christus, unseren Herrn.

SIEBTER SONNTAG IM JAHRESKREIS 39

V Lasst uns Fürbitte halten und Gott um seine Zuwendung anrufen:

R Du König des Himmels, erhöre uns.

L Lasst uns beten für die ganze Kirche Gottes,
für alle Frauen, Männer und Kinder, die an Christus glauben. – *R*

Lasst uns beten für die Reichen und die Mächtigen,
für alle Menschen, die Macht haben in Wirtschaft und Politik. – *R*

> *Lesejahr A:*
> Lasst uns beten für die Menschen, die Böses tun,
> für alle, die ihren Nächsten hassen und verfolgen. – *R*
> *Lesejahr B:*
> Lasst uns beten für die Kranken, die Gelähmten,
> für alle, die müde sind und erschöpft,
> deren Leben zur Last geworden ist. – *R*
> *Lesejahr C:*
> Lasst uns beten für die Umbarmherzigen,
> für alle, die ihre Mitmenschen ausgrenzen und verurteilen. – *R*

Lasst uns beten für die Juden, die Muslime,
für alle Menschen, die mit lauterem Herzen Gott suchen. – *R*

Lasst uns beten für die Armen, Hungernden und Verfolgten,
für alle, deren Leben bedroht ist. – *R*

Lasst uns beten für die Sterbenden,
für alle, die ihrer letzten Stunde entgegengehen. – *R*

[Lasst uns beten für die Toten,
für [N. und] alle, deren Lebensweg auf Erden zu Ende ging. – R]

V *Guter Gott, du Freund des Lebens,*
zu dir rufen wir, nach dir richten wir uns aus,
denn dein Wohlwollen verlässt uns nicht.
Dich beten wir an im Heiligen Geist
durch Jesus Christus, unseren Herrn.

ACHTER SONNTAG IM JAHRESKREIS 40

V *Lasst uns beten zu Gott, unserem allmächtigen Vater:*

R Erhöre uns, o Herr.

L Für unsere Kirche,
besonders für die Priester und für alle Frauen und Männer,
die in Gemeindeleitung und Seelsorge tätig sind. – R

Für alle christlichen Kirchen,
besonders für die Gläubigen, die bemüht sind,
die Spaltungen der Christenheit zu überwinden. – R

Für die Regierenden, besonders für jene,
die sich in den Dienst von Wohlfahrt und Gerechtigkeit stellen. – R

Für die Notleidenden, besonders für jene,
denen das tägliche Brot zum Überleben fehlt. – R

Lesejahr A:
Für die Menschen, die schuldig geworden sind,
besonders für jene,
die sich zum Diener des Mammons gemacht haben. – R
Lesejahr B:
Für die Trauernden, besonders für jene,
die unter dem Verlust eines geliebten Menschen leiden. – R

Lesejahr C:
Für die Menschen, die Böses im Herzen tragen, besonders für
jene, die über ihre Nächsten ungerecht urteilen. – *R*

Für unsere eigene Gemeinde,
besonders für jene, die im Glauben unsicher und sprachlos sind. – *R*

[Für unsere Verstorbenen, besonders für [N. und] alle,
denen wir in unseren Gedanken nahe sind. – *R*]

V *Gott, allmächtiger Vater,*
zur dir steigt unser Gebet empor, kein Wort bleibt bei dir ungehört.
Dafür danken wir dir und preisen dich
im Heiligen Geist durch Jesus Christus, unseren Herrn.

Neunter Sonntag im Jahreskreis 41

V *Lasst uns im Gebet vor Gott treten*
für die Menschen, die des Beistands bedürfen:

R Gott, sende herab deinen Geist.

L Für unseren Papst N.,
für alle Frauen und Männer,
die christliche Kirchen und Gemeinschaften leiten,
und für alle Getauften. – *R*

Für die Politiker in unserem Land,
für die Mächtigen in Medien und Wissenschaft
und für alle, die Einfluss haben auf den Gang der Geschichte. – *R*

Für alle, die durch Kunst und Musik nach der Wahrheit suchen. – *R*

Für alle, die ihre Kraft in den Dienst ihrer Mitmenschen stellen. – *R*

Lesejahr A:
Für alle,
die vor den Trümmern ihrer einstigen Hoffnungen stehen. – *R*

Lesejahr B:
Für alle, die im Bemühen um gute Werke
in Konflikt mit Regeln und Gesetzen geraten. – R
Lesejahr C:
Für alle, die todkrank sind und ihrem Ende entgegenblicken. – R

Für die Menschen,
die an Armut, Hunger und Verzweiflung leiden. – R

[Für [N. und] alle Verstorbenen. – R]

V *Allmächtiger Gott, du bist ein Gott des Lebens und der Liebe.*
Erhöre unsere Bitten, die wir vor dich tragen
im Heiligen Geist durch Jesus Christus, unseren Herrn.

ZEHNTER SONNTAG IM JAHRESKREIS 42

V *Lasst uns Gott anrufen*
und ihn um die Erhörung unserer Gebete bitten:

R Wir bitten dich, erhöre uns.

L Für die ganze Kirche
und für alle, die in ihr mit Leitungsaufgaben betraut sind. – R

Lesejahr A:
Für uns, die wir immer wieder schuldig werden
an Gott und den Menschen;
und für alle, die andere Menschen ausgrenzen
und unbarmherzig sind. – R
Lesejahr B:
Für die Menschen in allen Kulturen und Religionen,
die nach dem Willen Gottes fragen. – R
Lesejahr C:
Für alle,
die sich im Namen Jesu Christi den Armen zuwenden. – R

Für die Regierenden,
vor allem in den Kriegs- und Krisengebieten der Erde. – R

Für die Notleidenden, vor allem die Kranken. – R

Für die Menschen, an die wir in Stille denken
und für die wir Gottes Beistand erhoffen. – R

[Für die Verstorbenen,
vor allem für [N. und] alle Toten unserer Gemeinde. – R]

V *Allmächtiger Gott, du bist gütig, menschenfreundlich und barmherzig.*
Wende dich uns zu, wende dich den Menschen zu, für die wir bitten,
wende dich der ganzen Welt zu und führe unsere Wege zum Guten.
Darum bitten wir im Heiligen Geist
durch Jesus Christus, unseren Herrn.

ELFTER SONNTAG IM JAHRESKREIS   43

V *Lasst uns beten zu Gott, voll Vertrauen auf seine machtvolle Liebe:*

R Schenk uns dein Erbarmen.

L   *Lesejahr A:*
      Für die Bischöfe, die in der Nachfolge der Apostel stehen;
      besonders für unseren Bischof N. und für unseren Papst N. – R
      Lesejahr B:
      Für die Bischöfe und Priester, die Prediger und Theologen,
      denen die Auslegung des Wortes Gottes anvertraut ist. – R
      Lesejahr C:
      Für alle Frauen und Männer,
      die in der Nachfolge Christi den Glauben verkünden. – R

Für die Regierenden in unserem Land,
in Europa und auf der ganzen Welt,
besonders für jene, die vor schweren Entscheidungen stehen. – R

Für die Kinder und Jugendlichen,
besonders für jene, die sich schwertun,
ihren Platz im Leben zu finden. – *R*

Für die Opfer von Hungersnöten und Naturkatastrophen. – *R*

Für alle Kranken und Notleidenden. – *R*

Für unsere Pfarrgemeinde, für unsere Nachbargemeinden
und für alle Christinnen und Christen in unserer Stadt. – *R*

[Für alle unsere Verstorbenen
[besonders für N.]. – *R*]

V *Allmächtiger Gott,*
voll Liebe hörst du uns, wenn wir zu dir rufen.
Rette uns aus allen Nöten und führe die ganze Welt zum Guten.
Darum bitten wir im Heiligen Geist
durch Jesus Christus, unseren Herrn.

ZWÖLFTER SONNTAG IM JAHRESKREIS 44

V *Lasst uns beten zu Gott, unserem Vater:*

R Erbarme dich deines Volkes.

L Für die große Gemeinschaft der Glaubenden auf der ganzen Welt:
für alle, die sich zu Christus bekennen. – *R*

Für die Menschen, mit denen wir
im Glauben an Gott verbunden sind:
das jüdische Volk, das Gott sich als erstes erwählt hat,
die Muslime und alle Menschen,
die sich zum Schöpfer der Welt bekennen. – *R*

Für die Mächtigen auf der Welt:
die Regierenden und Einflussreichen. – *R*

Lesejahr A:
Für die Menschen, die um ihres Glaubens willen verfolgt werden,
die in Angst und Sorge um die Zukunft sind. – R
Lesejahr B:
Für die Menschen, denen der Glaube fehlt,
die in Angst und ohne Hoffnung sind. – R
Lesejahr C:
Für die Menschen, die bedroht und bedrängt sind:
die Opfer von Terror, Gewalt und Vertreibung. – R

[Für die Verstorbenen;
für [N. und] alle Toten aus unserer Gemeinde
und auch für die Vergessenen. – R]

V *Guter Gott, in deiner Hand sind wir geborgen.*
Dafür danken wir dir und preisen dich
im Heiligen Geist durch Jesus Christus, unseren Herrn.

13. SONNTAG IM JAHRESKREIS   45

V *Lasst uns unsere Stimme zu Gott richten*
und ihm unsere Anliegen anvertrauen:

R Kyrie eleison.

L Lasst uns beten für die ganze Kirche Gottes
und für alle, die in ihr ein Amt bekleiden. – R

Lesejahr A:
Lasst uns beten für alle,
die wegen ihres Glaubens verfolgt werden. – R
Lesejahr B:
Lasst uns beten für alle,
die im Namen Christi den Kranken und Schwachen dienen. – R

Lesejahr C:
Lasst uns beten für alle,
die für ihren Glauben Heimat und Sicherheit aufgeben. – *R*

Lasst uns beten für alle, die in Politik und Gesellschaft
Verantwortung tragen und Macht ausüben. – *R*

Lasst uns beten für alle, die Not leiden an Leib und Seele. – *R*

Lasst uns beten für unsere Gemeinde. – *R*

Lasst uns beten für alle, die von uns vergessen
und an den Rand gedrängt wurden. – *R*

[Lasst uns beten für unsere Verstorbenen [, besonders für N.]. – *R*]

V *Gott,*
du bist uns nahe in unserem Beten,
vor dich dürfen wir treten im Namen der ganzen Schöpfung.
Erbarme dich unser, erhöre unser Gebet.
Darum bitten wir dich im Heiligen Geist
durch Jesus Christus, unseren Herrn.

14. SONNTAG IM JAHRESKREIS   46

V *Lasst uns zu Gott beten, der uns hört, wenn wir zu ihm rufen:*

R Schenk uns dein Erbarmen.

L   *Lesejahre A und B:*
       Für unsere Kirche; besonders für alle,
       die in Seelsorge und Verwaltung tätig sind. – *R*
       Lesejahr C:
       Für die Arbeiter in Gottes Weinberg,
       besonders für unseren Papst N.,
       unseren Bischof N. und alle Bischöfe. – *R*

Für alle, die die Staaten der Welt regieren,
besonders für die Politiker in den Regionen,
die von Krieg und Hungersnöten getroffen wurden. – R

> *Lesejahr A:*
> Für alle, die sich plagen und schwere Lasten zu tragen haben,
> besonders für die Menschen,
> die vor Angst und Verzweiflung nicht mehr weiterwissen. – R
> *Lesejahre B und C:*
> Für alle, die Not leiden und verzweifelt sind,
> besonders die Kranken,
> die keine Hoffnung auf Heilung mehr haben. – R

Für alle, die schuldig geworden sind an Gott und den Menschen,
besonders für die, die ihre Schuld nicht erkennen. – R

Für unsere Pfarrgemeinde,
besonders für die Kranken unter uns
und für die, die sich um sie kümmern. – R

[Für die Verstorbenen,
besonders für [N. und] alle Toten
aus unseren Familien und unserer Gemeinde. – R]

V *Guter Gott,*
   Wir können vor dich treten mit allem, was uns bewegt.
   Dafür danken wir dir und preisen dich im Heiligen Geist
   durch Jesus Christus, unseren Herrn.

15. SONNTAG IM JAHRESKREIS 47

V *Lasst uns beten zu Gott, dem Schöpfer der Welt,*
  dass er uns höre und unserem Beten entgegenkomme:

R Herr, erbarme dich.

L *Lesejahre A und C:*
  Für unsere Kirche und für alle christlichen Kirchen
  in ihrem Dienst an der Welt. – R
  Lesejahr B:
  Für die Bischöfe, die Nachfolger der Apostel,
  in ihrem Dienst an der Verkündigung des Glaubens. – R

  Für die Völker der Erde und die, die sie regieren. – R

  Für die Menschen, die uns um unser Gebet bitten. – R

  Lesejahr A:
  Für alle, die sich bemühen,
  Gottes Wort zu verstehen. – R
  Lesejahr B:
  Für alle, die krank sind an Leib und Seele. – R
  Lesejahr C:
  Für alle Opfer von Gewalt
  und für die, die sich ihrer annehmen. – R

  Für die Notleidenden:
  die Hungernden und die Missbrauchten,
  die Verfolgten und die Sterbenden. – R

  [Für [N. und] alle Verstorbenen. – R]

V *Allmächtiger Gott,*
  du bist der liebende Schöpfer aller Dinge,
  du willst alles, was ist, zum Guten führen.
  Darum danken wir dir und vertrauen uns dir an,
  wir loben dich und preisen dich
  im Heiligen Geist durch Jesus Christus, unseren Herrn.

16. SONNTAG IM JAHRESKREIS   48

V *Lasst uns voll Hoffnung und Zuversicht zu Gott rufen*
  in den Anliegen von Kirche und Welt:

R Erhöre unser Gebet.

L Lasst uns beten für alle,
  die durch Wort und Tat den Glauben verkünden:
  in Predigt und Mission, in Erziehung und Begleitung
  und überall, wo Menschen Zeugnis für Christus geben. – *R*

  Lasst uns beten für alle,
  die in der Welt Führungspositionen innehaben:
  in Politik und Justiz, in Schule und Medien,
  in Kultur und Wissenschaft. – *R*

  > *Lesejahr A:*
  > Lasst uns beten für alle, die keine guten Früchte bringen;
  > und auch für jene,
  > die andere Menschen ausgrenzen und verurteilen. – *R*
  > *Lesejahr B:*
  > Lasst uns beten für alle, die in Stille Gott suchen;
  > lasst uns auch beten für jene,
  > die orientierungslos und voller Zweifel sind. – *R*
  > *Lesejahr C:*
  > Lasst uns beten für alle, die sich für andere aufopfern;
  > lasst uns auch beten für jene,
  > die sich mit unnötigen Aufgaben belasten. – *R*

  Lasst uns beten für die Armen und Kranken,
  die Obdachlosen und die Verzweifelten,
  die Hoffnungslosen und für die Sterbenden. – *R*

  Lasst uns in dieser Stunde auch beten für uns selbst;
  lasst uns beten für unsere Pfarrgemeinde, unsere Familien
  und alle Menschen, die zu uns gehören. – *R*

[Lasst uns beten für [N. und] alle,
die aus unserer Mitte heimgegangen sind;
lasst uns auch beten für die Verstorbenen,
an die sich niemand mehr erinnert. – R]

V *Allmächtiger Gott, an dich richten wir unsere Gebete,*
dir gilt unser Lobpreis, zu dir rufen wir voll Vertrauen
im Heiligen Geist durch Jesus Christus, unseren Herrn.

17. SONNTAG IM JAHRESKREIS   49

V *Lasst uns beten zum Herrn voll Vertrauen:*

R Erhöre uns, o Herr.

L Für die ganze Kirche Jesu Christi:
für alle Frauen und Männer, die berufen sind,
Gott zu loben und ihn auf Erden zu bezeugen. – R

Für die Mächtigen auf der Erde;
für alle, die Führungsämter innehaben. – R

Für alle Menschen, die nach Gott und der Wahrheit suchen. – R

> *Lesejahr A:*
> Für alle, die gesündigt haben;
> deren Tun vor Gott keinen Gefallen findet. – R
> *Lesejahr B:*
> Für die Kinder,
> die ihr Leben vor sich haben und unserer Hilfe bedürfen. – R
> *Lesejahr C:*
> Für alle, die anderen die Hilfe verweigern. – R

Für die Verzweifelten;
für alle Menschen gleich welcher Nation und Religion,
die krank und einsam sind, denen das tägliche Brot fehlt. – R

Für uns selbst;
für unsere Pfarrgemeinde
und die Familien und Gemeinschaften, in denen wir leben. – R

[Für unsere Verstorbenen;
für [N. und] alle Frauen, Männer und Kinder,
die von uns gegangen sind. – R]

V   *Gott, allmächtiger Vater,*
an dich richten wir unsere Gebete,
denn du bist gütig und ein Freund der Menschen.
Dir danken wir, dich loben wir
im Heiligen Geist durch Jesus Christus, unseren Herrn.

18. Sonntag im Jahreskreis   50

V   *Lasst uns voll Vertrauen unsere Stimme zu Gott erheben:*

R   Kyrie eleison.

L   Für den Papst und die Bischöfe,
für die Priester und Diakone, Seelsorgerinnen und Seelsorger,
für alle, die im kirchlichen Dienst stehen. – R

> *Lesejahr A:*
> Für alle,
> die im Auftrag Jesu Christi die Hungernden versorgen,
> den Kranken helfen,
> die Sterbenden begleiten. – R
> *Lesejahr B:*
> Für alle, die sich nach dem Brot des Lebens sehnen
> und doch den Weg zu Gott nicht finden. – R
> *Lesejahr C:*
> Für alle, die niemandem vertrauen
> außer dem Reichtum und Überfluss. – R

Für alle Mächtigen,
für jene, die sich schweren Aufgaben voll Verantwortung stellen,
für jene, die den Versuchungen der Macht erlegen sind. – R

Für die Armen,
für die Verzweifelten,
für die Hoffnungslosen. – R

Für uns selbst,
für unsere Gemeinde,
für die, die wir an den Rand gedrängt haben. – R

[Für alle Toten,
für die Geliebten und die Ungeliebten,
für die Gerechten und die Ungerechten. – R]

V *Guter Gott,*
lass uns deine Güte erfahren,
höre unsere Stimme, errette die ganze Welt.
Darum bitten wir im Heiligen Geist
durch Jesus Christus, unseren Herrn.

19. SONNTAG IM JAHRESKREIS 51

V *Zu Gott, dem Vater, der uns das Leben und die Erlösung schenkt,*
lasst uns beten:

R Wir bitten dich, erhöre uns.

L Für unsere Kirche auf der ganze Erde
und für alle christlichen Kirchen und Gemeinschaften. – R

> *Lesejahr A:*
> Für die von uns, die am Glauben zweifeln,
> und für alle, die unsicher sind,
> worauf sie in ihrem Leben setzen sollen. – R

Lesejahr B:
Für das jüdische Volk,
das Gott sich für immer als Eigentum auserwählt hat,
und für die ganze Menschheit,
Gottes Schöpfung in allen Völkern und Kulturen. – R
Lesejahr C:
Für die Frauen und Männer, die in unserer Kirche
Leitungsämter innehaben,
und für alle, die Verantwortung tragen
für das Leben der Menschen in allen Völkern. – R

Für die Flüchtlinge und Vertriebenen
und für alle, die eine Heimat suchen,
hier in unserer Stadt und auf der ganzen Welt. – R

Für die Opfer von Gewalt, Ausbeutung und Unterdrückung
und für alle, die in Not sind. – R

Für die Hungernden
und für alle, deren Wunsch nach einem glücklichen Leben
sich nicht erfüllt. – R

[Für [N. und] die Verstorbenen aus unserer Gemeinde
und für alle, die die Welt verlassen haben
und allein in Gottes Hand liegen. – R]

V *Gott,*
   du vermagst Not und Leid zu wenden,
   du schenkst der ganzen Welt deine erlösende Liebe.
   Dafür danken wir dir und preisen dich
   im Heiligen Geist durch Jesus Christus, unseren Herrn.

20. SONNTAG IM JAHRESKREIS 52

V *Lasst uns voll Vertrauen im gemeinsamen Gebet*
unsere Stimme zu Gott erheben:

R Erhöre unser Gebet.

L Für die Kirche und alle, die in ihrem Dienst stehen.

> *Lesejahre A und C:*
> Für das jüdische Volk, dem Gott sich als erstes offenbarte. – R
> *Lesejahr B:*
> Für alle, die den Hungernden zu essen geben. – R

Für die Regierenden und alle,
die das Leben in der Gesellschaft prägen und gestalten. – R

> *Lesejahr A:*
> Für die Menschen, die voll Hoffnung zu Gott um Hilfe rufen. – R
> *Lesejahr B:*
> Für die Menschen,
> die nicht an Christus als das Brot des Lebens glauben. – R
> *Lesejahr C:*
> Für die Menschen,
> die in Streit leben in ihren Familien, im Freundeskreis
> und in ihrem eigenen Herzen. – R

Für die Armen und Verzweifelten,
für die Trauernden und Hungernden. – R

Für unsere Gemeinde, unsere Familien und Freunde
und für alle Menschen, die uns nahestehen. – R

[Für [N. und für] alle Verstorbenen. – R]

V *Gott, du Gott des Lebens,*
du hast dich der Menschheit zugewandt.
Höre auch unsere Stimme und wende dich unserem Gebet zu.
Darum bitten wir dich im Heiligen Geist
durch Jesus Christus, unseren Herrn.

21. SONNTAG IM JAHRESKREIS   53

V *Lasst uns beten zu Gott, unserem himmlischen Vater,*
der seiner Schöpfung voll Liebe zugewandt ist:

R Herr, erbarme dich unser.

L   *Lesejahr A:*
     Für unseren Papst N., den Nachfolger des Petrus,
     und für alle, die die Frohe Botschaft verkünden. – R
     Lesejahre B und C:
     Für unseren Bischof N. und alle Nachfolger der Apostel;
     und für alle, die die Frohe Botschaft verkünden. – R

     Für alle Regierenden, alle Mächtigen
     in den Staaten, Gesellschaften und Religionen der Welt. – R

     Für alle, denen der Glaube gleichgültig oder ein Ärgernis ist,
     besonders für jene,
     denen das Verhalten von Christinnen und Christen
     zum Hindernis im Glauben wurde. – R

     Für alle, die Unrecht getan haben in Gottes Augen,
     besonders für jene,
     die wegen ihrer eigenen Schuld verzweifelt sind. – R

     Für alle Leidenden, besonders für jene,
     die jede Hoffnung auf einen guten Gott verloren haben. – R

     Für unsere eigene Gemeinde, besonders für jene,
     die sich in unserer Mitte nicht erwünscht fühlen. – R

     [Für unsere Verstorbenen,
     besonders für [N. und] alle Toten aus unserer Gemeinde. – R]

V *Gütiger Gott, du Gott des Lebens,*
zu dir rufen wir, denn du hörst unsere Stimme.
Dich preisen wir, dich ehren wir
im Heiligen Geist durch Jesus Christus, unseren Herrn.

22. SONNTAG IM JAHRESKREIS 54

V *Im Vertrauen auf seine Menschenfreundlichkeit und Liebe
lasst uns unsere Stimme zu Gott erheben und zu ihm beten:*

R Schenk uns dein Erbarmen.

L *Lesejahr A:*
Für alle Menschen in der Nachfolge Christi,
besonders für jene, die wegen ihres Glaubens
auf Widerstand stoßen und ihr Leben riskieren. – R
Lesejahr B:
Für unsere Kirche und für alle christlichen Kirchen,
besonders für die Menschen,
die mit dem Herzen nicht glauben können,
was sie mit dem Mund bekennen. – R
Lesejahr C:
Für unsere Kirche und für alle christlichen Kirchen,
besonders für jene, die sich in der Nachfolge Christi
den Armen, Kranken und Ausgeschlossenen zuwenden. – R

Für alle Menschen in den Völkern und Kulturen der Erde,
besonders für jene, die sich um die Wahrheit bemühen
und Orientierung und Sinn für ihr Leben suchen. – R

Für alle Einflussreichen in Politik, Wirtschaft und Kultur,
besonders für jene, die sich in den Dienst der Armen stellen. – R

Für alle, die gesündigt haben,
besonders für jene, die abgestumpft sind
und den Blick für das Gute verloren haben. – R

Für unsere eigene Gemeinde,
besonders für die von uns,
die unbemerkt in Not und Verzweiflung geraten sind. – R

[Für alle Toten, besonders für [N. und] alle Verstorbenen
aus unserer Gemeinde. – R]

V *Allmächtiger Gott,*
  du bist voll Liebe und Güte gegenüber deiner Schöpfung.
  Darum vertrauen wir uns dir an,
  darum loben wir dich und preisen dich
  im Heiligen Geist durch Jesus Christus, unseren Herrn.

23. SONNTAG IM JAHRESKREIS 55

V *Lasst uns beten zu Gott, dem allmächtigen Vater,*
  dem Schöpfer und Bewahrer der Welt:

R Du König des Himmels, erhöre uns.

L Für alle Getauften, für uns selbst
  und die ganze Kirche Jesu Christi. – R

  Für die Mächtigen in Politik, Justiz und Medien,
  in Wirtschaft und Wissenschaft. – R

  Lesejahr A:
  Für alle, die über andere Menschen Zeugnis ablegen;
  vor Gericht und im Arbeitsleben, in Schule und Erziehung. – R
  Lesejahr B:
  Für alle, die in Medizin und sozialen Diensten tätig sind. – R
  Lesejahr C:
  Für alle, die für Gott und für die Suche nach der Wahrheit
  ihre Heimat verlassen haben. – R

  Für die Kinder und Jugendlichen, die Eltern und Familien
  und für die Frauen, die ein Kind erwarten. – R

  Für alle Menschen auf der ganzen Welt,
  die krank und in Not geraten sind. – R

  [Für [N. und] alle Verstorbenen,
  für jene, die wir in unserer Gemeinschaft vermissen,
  für jene, an die sich niemand mehr erinnert. – R]

V *Barmherziger Gott,*
du hast dich deiner Schöpfung zugewandt, du vermagst Erlösung zu
wirken und alles Leid in Leben zu verwandeln.
Höre unsere Stimme, die voll Sehnsucht zu dir ruft,
im Heiligen Geist durch Jesus Christus, unseren Herrn.

24. SONNTAG IM JAHRESKREIS 56

V *Zu Gott, unserem gütigen Schöpfer, lasst uns beten:*

R Herr, erbarme dich.

L Für unseren Papst N., unseren Bischof N.,
für die Gemeinschaft der Bischöfe und für alle Getauften. – R

Für alle Frauen und Männer,
die in Seelsorge und in sozialen Diensten
das Leben unserer Kirche prägen und gestalten. – R

Für die Regierenden in unserem Land und allen Ländern der Erde,
besonders in [N. und] den Kriegs- und Krisengebieten. – R

Lesejahr A:
Für alle, die in materielle Not geraten sind;
für alle, die Schulden angehäuft haben. – R
Lesejahr B:
Für alle, die nicht an Gott glauben;
die auf anderen Wegen nach Erlösung suchen. – R
Lesejahr C:
Für alle, die sich von Gott abgewandt haben;
für alle, die unsere Kirche verlassen haben. – R

Für die Notleidenden;
für die Kranken an Leib und Seele;
für die Unterdrückten und Heimatlosen;
für die Fremden und Flüchtlinge in unserem Land. – R

[Für die Verstorbenen; besonders für [N. und] alle,
die in der vergangenen Woche von uns gingen. – R]

V *Gott, du guter Gott,*
zu dir dürfen wir uns wenden, dir dürfen wir uns anvertrauen.
Darum beten wir zu dir, darum ehren wir dich, darum danken wir dir
im Heiligen Geist durch Jesus Christus, unseren Herrn.

25. SONNTAG IM JAHRESKREIS 57

V *Lasst uns beten zu Gott, dem Herrscher über Zeit und Ewigkeit:*

R Erbarme dich deines Volkes.

L Für alle, die im Weinberg des Herrn arbeiten:
Frauen und Männer in Mission und Lehre,
in Seelsorge und sozialen Diensten. – R

Für die Regierenden auf der ganzen Erde:
in reichen und in armen Ländern,
in Regionen voller Frieden und in Regionen voller Krieg. – R

Lesejahr A:
Für alle, die sich ungerecht behandelt fühlen;
in Kirche und Arbeitswelt, in Familie und Freundeskreis. – R
Lesejahr B:
Für alle Kinder und Jugendlichen,
für die Eltern, Lehrer und Erzieher. – R
Lesejahr C:
Für alle, die dem Mammon dienen,
denen Reichtum Selbstzweck und Sinn des Lebens ist. – R

Für alle Notleidenden:
die in Armut, Hunger und Verfolgung leben,
die obdachlos sind,
die Gewalt und Terror erfahren. – R

Für unsere eigene Gemeinde,
für unsere Nachbargemeinden,
für alle Christinnen und Christen hier in unserer Stadt. – R

[Für die Verstorbenen,
für [N. und] alle Toten aus unserer Gemeinde,
für alle, denen niemand mehr helfen kann als Gott allein. – R]

V *Gott, du bist der Schöpfer, du bist der Erlöser,*
dir vertrauen wir uns an.
An dich glauben wir, zu dir rufen wir, dich preisen wir
im Heiligen Geist durch Jesus Christus, unseren Herrn.

26. SONNTAG IM JAHRESKREIS 58

V *Zu Gott, dem allmächtigen Vater, lasst uns beten:*

R Kyrie eleison.

L *Lesejahr A:*
Für alle, die dem Wort Gottes glauben:
für die ganze Kirche Jesu Christi. – R
Lesejahre B und C:
Für alle, die im Namen Jesu Christi auftreten:
für die Kirche und alle, die ihr dienen. – R

Für alle, denen Macht anvertraut ist
in Wirtschaft, Kultur und Wissenschaft;
für die Regierenden in allen Ländern der Erde. – R

Für die Menschen, die in Trauer und Verzweiflung,
in Krankheit und Ausgrenzung leben; für alle Notleidenden. – R

Lesejahre A und B:
Für alle, die Schuld auf sich geladen haben;
für alle, die Wege zu Umkehr und Versöhnung suchen. – R

Lesejahr C:
Für alle, die nicht an Christus glauben;
für alle Menschen auf der Suche nach Sinn und Wahrheit. – *R*

Für unsere eigene Gemeinde;
für uns in unseren Stärken und Schwächen,
unseren Verdiensten und Vergehen. – *R*

[Für die Toten aus unserer Mitte und in aller Welt;
für die Geliebten und die Ungeliebten;
die Gerechten und die Sünder. – *R*]

V *Allmächtiger Gott,*
du bist deinem Volk nahe, wenn es seine Stimme zu dir erhebt.
So vertrauen wir uns dir an, wir bitten dich und loben dich
im Heiligen Geist durch Jesus Christus, unseren Herrn.

27. SONNTAG IM JAHRESKREIS 59

V *Im Vertrauen auf seine Hilfe und Menschenfreundlichkeit*
lasst uns beten zu Gott, unserem Vater:

R Erhöre uns, o Herr.

L Für unsere ganze Kirche,
für alle christlichen Kirchen und Gemeinschaften
und für alle, die im Dienst der Verkündigung stehen. – *R*

Für das jüdische Volk,
für die Angehörigen der großen Weltreligionen
und für alle, die nach Sinn und Wahrheit streben. – *R*

Lesejahr A:
Für alle Menschen, die Böses im Herzen tragen,
die Recht mit Unrecht vergelten,
und für alle, die andere unterdrücken und bekämpfen. – *R*

Lesejahr B:
Für alle Eheleute, Kinder und Familien
und auch für die zerbrochenen Ehen und Familien
und für alle, deren Sehnsüchte unerfüllt geblieben sind. – R
Lesejahr C:
Für alle Menschen, deren Glaube und Hoffnung schwach sind;
für die, die nur ihren eigenen Ansprüchen folgen;
aber auch für alle, die sich in den Dienst anderer stellen. – R

Für die Opfer von Krieg und Terror,
für die, die verachtet und misshandelt werden,
und für alle, die Not leiden bei uns und auf der ganzen Welt. – R

Für unsere Gemeinde,
für die, die sich als ausgegrenzt erfahren,
und für alle Menschen, mit denen wir im Alltag zusammenleben.
– R

[Für die Verstorbenen,
für [N. und] alle, die diese Welt verlassen haben. – R]

V *Du bist der wahre Gott, zu dem wir unsere Stimme erheben,*
an niemanden sonst können wir uns mit unseren Bitten wenden.
Erhöre unser Gebet, das wir vor dich tragen im Heiligen Geist
durch Jesus Christus, unseren Herrn.

28. SONNTAG IM JAHRESKREIS 60

V *Lasst uns beten zu Gott, unserem Vater,*
dem Ziel unserer Hoffnung:

R Herr, erbarme dich unser.

L Für unseren Papst N., unseren Bischof N.
und für alle, die in Verkündigung und Seelsorge tätig sind. – R

Lesejahre A und C:
Für alle, die an Christus glauben
und ihr Leben nach seinem Wort ausrichten. – R
Lesejahr B:
Für die Einsiedler, die Missionare
und für alle, die um des Glaubens willen
auf Ruhm und Reichtum verzichten. – R

Für die Politikerinnen und Politiker in unserem Land
und für alle Menschen, die das Zusammenleben der Völker
gestalten. – R

Lesejahre A und B:
Für alle Menschen, die auf der Straße leben;
für alle, die sich nach Anerkennung sehnen. – R
Lesejahr C:
Für alle Menschen,
die in unserer Gesellschaft als „unrein" gelten;
für alle, die am Rand stehen und missachtet werden. – R

Für alle Menschen, die in Kriegsgebieten leben,
für die Einsamen und Trauernden
und für alle, die Not leiden. – R

Für uns selbst, für unsere ganze Gemeinde,
die hier Versammelten und die,
die in dieser Stunde nicht bei uns sind. – R

[Für [N. und] alle Toten. – R]

V   *Gütiger Gott,*
dir vertrauen wir unsere Nöte an,
zu dir beten wir, dich loben wir, dich ehren wir
im Heiligen Geist durch Jesus Christus, unseren Herrn.

29. SONNTAG IM JAHRESKREIS 61

V *Lasst uns beten zu Gott, unserem liebenden Vater:*

R Wir bitten dich, erhöre uns.

L Für unsere Gemeinde und für alle Frauen und Männer,
die sich in der Nachfolge der Apostel zu Christus bekennen. – R

> *Lesejahr A:*
> Für die Regierenden,
> für die Mächtigen in Wirtschaft und Medien,
> die den Gang der Gesellschaften bestimmen. – R
> *Lesejahr B:*
> Für alle, die sich auf Taufe und Firmung vorbereiten. – R
> *Lesejahr C:*
> Für alle Richter und Lehrer, Erzieher und Seelsorger,
> die den Lebensweg von Menschen
> durch ihr Urteil und ihre Entscheidungen prägen. – R

Für die Menschen, deren Leben von Angst und Hunger
und von Armut und Verzweiflung geprägt ist. – R

Für alle, die Opfer von Hass und Gewalt wurden
und Heimat und Freunde verloren haben. – R

[Für [N. und] alle Verstorbenen,
die Gott ins ewige Leben führen will. – R]

V *Dir, Gott, vertrauen wir uns an,*
denn du bist ein Gott der Menschenfreundlichkeit und Liebe.
Dich ehren wir, dich preisen wir
im Heiligen Geist durch Jesus Christus, unseren Herrn.

30. SONNTAG IM JAHRESKREIS 62

V *Lasst uns beten zu Gott, dem Allmächtigen,*
dem gütigen Schöpfer und Bewahrer der Welt:

R Erhöre unser Gebet.

L *Lesejahr A:*
Für alle, die durch Wort und Tat
ihre Liebe zu Gott und den Menschen bezeugen. – R
Lesejahre B und C:
Für alle, die Jesus Christus als den Erlöser bekennen. – R

Für die Mächtigen
in Politik, Wirtschaft und Kultur. – R

Lesejahr A:
Für jene, die Gott und die Menschen nicht lieben können. – R
Lesejahr B:
Für alle Blinden und alle Kranken. – R
Lesejahr C:
Für alle, die ihre eigene Schuld
gegenüber Gott und den Menschen nicht erkennen. – R

Für die Notleidenden;
mitten unter uns und auf der ganzen Welt. – R

Für unsere Gemeinde, besonders da,
wo uns ein echtes Zeugnis des Glaubens nicht gelingt. – R

[Für alle Verstorbenen,
aus unserer Gemeinde und aus der ganzen Menschheit. – R]

V *Gott, du bist ein Gott der Liebe und der Güte.*
Erhöre unsere Bitten,
befreie die Welt aus allen Nöten.
Darum bitten wir dich im Heiligen Geist
durch Jesus Christus, unseren Herrn.

31. SONNTAG IM JAHRESKREIS 63

V *Lasst uns beten zu Gott,*
dem Ziel unseres Lebens und unseres Betens:

R Herr, erbarme dich.

L Für die ganze Kirche Jesu Christi,
besonders für alle, die zu Gemeindeleitung
und geistlicher Wegweisung berufen sind. – R

Für alle Menschen,
die nach Gott suchen und gemäß ihrem Glauben leben,
besonders für die Juden und Muslime in unserem Land. – R

Für die Mächtigen in der Welt,
besonders für die Politikerinnen und Politiker
in den Kriegs- und Krisengebieten der Erde. – R

> *Lesejahr A:*
> Für alle Menschen, die Gott nicht lieben können,
> besonders für jene, denen unser eigenes Tun
> zum Hindernis im Glauben geworden ist. – R
>
> *Lesejahr B:*
> Für alle, die im Dienst ihrer Mitmenschen stehen,
> besonders für jene, die von den Menschen
> ausgenutzt und erniedrigt werden. – R
>
> *Lesejahr C:*
> Für alle Menschen, die Schuld auf sich geladen haben,
> besonders für jene,
> die nach Wegen der Umkehr und Versöhnung suchen. – R

Für alle Menschen, die Armut und Not leiden,
besonders für jene, die einsam sind
und keine Hoffnung mehr auf eine gute Zukunft haben. – R

Für unsere eigene Gemeinde,
besonders für alle,
die in Stille nach Gottes Gegenwart Ausschau halten. – R

[Für alle Menschen, die von uns gegangen sind, besonders für
[N. und] alle Verstorbenen aus unserer Gemeinde. – R]

V *Gott,*
   auf dich richten wir uns aus,
   zu dir rufen wir,
   denn du liebst die Menschen.
   Darum ehren wir dich und loben dich
   im Heiligen Geist durch Jesus Christus, unseren Herrn.

32. SONNTAG IM JAHRESKREIS   64

V *Zu Gott, unserem gütigen Vater,*
   lasst uns beten voll Hoffnung und Vertrauen:

R Schenk uns dein Erbarmen.

L Lasst uns beten für alle christlichen Kirchen,
   besonders für alle Frauen und Männer,
   die nach Einheit im Glauben streben. – R

   Lasst uns beten für alle, die im Dienst der Kirche stehen,
   besonders für die Bischöfe, Priester und Missionare. – R

   Lesejahr A:
   Lasst uns beten für alle, die nicht mit Gott rechnen,
   die nicht vorbereitet sind auf den Tag, an dem er kommt. – R
   Lesejahr B:
   Lasst uns beten für alle, die aus Liebe
   ihren Besitz mit den Notleidenden teilen. – R
   Lesejahr C:
   Lasst uns beten für alle Ehen,
   alle Beziehungen und Gemeinschaften. – R

   Lasst uns beten für alle Regierenden,
   denen die Leitung der Völker anvertraut ist. – R

Lasst uns beten für alle Notleidenden,
die auf Hilfe von Gott und den Menschen angewiesen sind. – R

[Lasst uns beten für [N. und] alle Verstorbenen,
für die wir ewiges Leben und ewige Freude erhoffen. – R]

V *Gütiger Gott,*
du kommst unserer Not mit deiner Liebe entgegen.
Darum vertrauen wir uns dir an,
wir loben dich und danken dir
im Heiligen Geist durch Jesus Christus, unseren Herrn.

33. SONNTAG IM JAHRESKREIS 65

V *Lasst uns beten zu Gott*
um seine Zuwendung
in all unseren Bitten:

R Kyrie eleison.

L Für unseren Papst N., unseren Bischof N.
und alle, die den Glauben lehren und verkündigen. – R

> *Lesejahr A:*
> Für alle, denen der Mut fehlt, Gottes Gaben anzunehmen. – R
> *Lesejahr B:*
> Für alle, die Angst vor Gottes Urteil haben. – R
> *Lesejahr C:*
> Für alle, die andere irreleiten
> und auf falsche Wege führen. – R

Für alle, die in Politik, Justiz und Erziehung
Macht über andere Menschen ausüben. – R

Für alle, die Not leiden,
die in Angst und Krankheit, Trauer und Verzweiflung leben. – R

Für unsere Pfarrgemeinde;
für uns, die wir hier versammelt sind. – R

Für alle, die in diesen Stunden mit dem Tod ringen. – R

[Für [N. und] alle, die nicht mehr bei uns sind,
die uns aus diesem Leben zu Gott vorausgegangen sind. – R]

V *Gott,*
du hast uns Leben in Fülle, Frieden und Heil verheißen.
Darum vertrauen wir uns dir an,
wir beten zu dir und hoffen auf dich,
wir ehren dich und danken dir
im Heiligen Geist durch Jesus Christus, unseren Herrn.

CHRISTKÖNIGSSONNTAG   66

V *Lasst uns beten zu Gott,*
der uns seinen Sohn Jesus Christus offenbart hat
als den wahren König in Ewigkeit.

R Erhöre uns, o Herr.

L Lasst uns beten für die ganze Kirche Jesu Christi;
für alle, die berufen sind,
sein Königtum in der Welt zu bezeugen. – R

Lasst uns beten für die Könige, die Regierenden und die
Militärführer in aller Welt;
für alle, die Einfluss ausüben auf den Gang der Geschichte. – R

Lasst uns beten für die Juden;
für alle, die nach den Geboten leben,
die Gott seinem Volk Israel gegeben hat. – R

Lasst uns beten für alle Menschen auf der ganzen Welt,
die der König des Friedens zu sich ziehen will. – R

Lesejahr A:
Lasst uns beten für die Hungernden und Dürstenden,
die Fremden und Obdachlosen,
die Nackten, Kranken und Gefangenen;
für alle, die Not leiden. – *R*
Lesejahre B und C:
Lasst uns beten für die Armen und Kranken,
die Einsamen und Verzweifelten;
für alle, die Not leiden. – *R*

Lasst uns beten für unsere eigene Gemeinde,
für alle, die ihr Leben auf Christus ausrichten
und nach ihm suchen. – *R*

[Lasst uns beten für die Verstorbenen
aus allen Völkern und allen Zeiten der Geschichte
in der Hoffnung auf ewiges Leben mit Christus. – *R*]

V *Gott,*
  du Ziel der Geschichte,
  du Ziel unserer Gebete,
  erhöre unser Rufen, erbarme dich unser,
  erlöse die Welt.
  Darum bitten wir dich im Heiligen Geist
  durch Jesus Christus, unseren Herrn.

HOCHFEST   67
DER GOTTESMUTTER MARIA [1. 1.]

V *Maria hat ganz auf Gott vertraut*
   und ist uns so Vorbild und Wegweiserin im Glauben geworden.
   Wie sie lasst auch uns auf Gott vertrauen,
   wenn wir unsere Bitten vor ihn tragen:

R Kyrie eleison.

L Lasst uns beten für unseren Papst N., unseren Bischof N.
   und für alle, die in Kirche und Welt die Frohe Botschaft verkünden.
   – R

   Lasst uns beten für alle Mächtigen der Erde,
   die im Dienst von Frieden, Freiheit und Gerechtigkeit stehen. – R

   Lasst uns beten für alle Frauen und Männer,
   alle Kinder und Jugendlichen,
   die das neue Jahr voll Freude und Zuversicht beginnen. – R

   Lasst uns beten für die Menschen,
   die sich im neuen Jahr vor Armut und Krankheit,
   vor Arbeitslosigkeit und Unfrieden fürchten. – R

   Lasst uns beten für die Mütter;
   und für alle Frauen, die in diesen Wochen ein Kind erwarten. – R

   Lasst uns beten für die Menschen,
   die zu Opfern von Terror und Krieg,
   von Hass und Gewalt geworden sind. – R

   Lasst uns beten für unsere eigene Gemeinde,
   für uns selbst am Beginn eines neuen Jahres. – R

   [Lasst uns beten für [N. und] alle Verstorbenen. – R]

V *Gütiger Gott,*
   du Herrscher über Raum und Zeit,
   wie Maria dir vertraute,

dürfen auch wir dir am Beginn eines neuen Jahres vertrauen.
Dafür danken wir dir, du Freund der Menschen,
wir loben dich und preisen dich
im Heiligen Geist durch Jesus Christus, unseren Herrn.

DARSTELLUNG DES HERRN [2. 2.]   68

V *Am Festtag, da der Herr selbst Einzug hält in seine Stadt Jerusalem,*
   lasst uns voll Glauben und Vertrauen zu Gott beten:

R Du König des Himmels, erhöre uns.

L Für alle, die Christus als das Licht der Völker verkünden,
   und für die ganze Kirche. – *R*

   Für das jüdische Volk, die Heimat unseres Erlösers,
   für die Stadt Jerusalem und alle, die darin leben,
   für alle Menschen im Heiligen Land. – *R*

   Für die Menschen in allen Völkern der Erde,
   die im Frieden und die im Unfrieden leben,
   die nach Licht und Wahrheit suchen. – *R*

   Für die Menschen, die im Dunkeln leben,
   im Dunkel von Armut und Hunger,
   im Dunkel von Angst und Verzweiflung. – *R*

   Für die Menschen, die Licht für andere sind,
   in Familie und Freundeskreis, in sozialen Diensten,
   in der Öffentlichkeit und im Verborgenen. – *R*

   [Für die Verstorbenen,
   die in die Nacht des Todes eingegangen sind,
   für [N. und] alle Menschen, die wir in unserer Mitte vermissen,
   für alle Toten,
   denen niemand Leben schenken kann als Gott allein. – *R*]

V *Gott, du Wunderbarer,*
   du hast deinen Sohn offenbart als Licht für die Völker.
   Erhöre die Stimme deiner Kirche, die voll Hoffnung zu dir betet.
   Darum bitten wir dich im Heiligen Geist
   durch Jesus Christus, unseren Herrn.

JOSEF [19. 3.]   69

V *Im Vertrauen auf Gottes machtvolle Liebe*
   ist uns der heilige Josef zum Vorbild im Glauben geworden.
   Wie er wollen auch wir auf Gott vertrauen und beten:

R Wir bitten dich, erhöre uns.

L Für unseren Papst N., unseren Bischof N., alle Priester und Diakone,
   alle Frauen und Männer
   im Dienst der christlichen Verkündigung. – *R*

   Für alle Väter, die sich um ihre Kinder sorgen;
   für die Eltern und alle Menschen,
   die sich in den Dienst von Kindern und Jugendlichen stellen. – *R*

   Für die Frauen und Männer,
   die in Handwerk und Industrie tätig sind. – *R*

   Für die Regierenden und die Mächtigen;
   für alle, die Einfluss nehmen auf die Geschicke der Völker. – *R*

   Für die Notleidenden;
   besonders für alle zerstrittenen Ehen und Familien;
   für alle Kinder und Erwachsenen, die häusliche Gewalt erleiden. – *R*

   Für alle, die nicht wie Josef auf Gott vertrauen,
   alle, die nicht an einen liebenden Schöpfer der Welt glauben
   können. – *R*

   [Für [N. und] alle verstorbenen Frauen und Männer,
   die uns vorausgegangen sind zum Gott des ewigen Lebens. – *R*]

V Allmächtiger Gott,
  wie der heilige Josef dürfen auch wir uns unter deinen Schutz stellen
  und vor dich treten mit allem, was uns bewegt.
  Erhöre unser Rufen, das aus Mund und Herz zu dir dringt.
  Darum bitten wir dich im Heiligen Geist
  durch Jesus Christus, unseren Herrn.

VERKÜNDIGUNG DES HERRN [25. 3.]   70

V An diesem festlichen Tag hat Gott sich offenbart
  als ein liebevoller Gott, der sich seiner Schöpfung zuneigt.
  So lasst uns voll Vertrauen zu ihm beten:

R Erbarme dich deines Volkes.

L Für die Bischöfe, Priester und Diakone unserer Kirche,
  für alle, die in Seelsorge und Gemeindeleitung tätig sind,
  für alle Frauen und Männer im Dienst an Gottes Wort. – R

  Für die schwangeren Frauen und die werdenden Väter,
  für die Familien;
  für alle, die sich in den Dienst von Kindern und Jugendlichen
  stellen. – R

  Für die Regierenden in unserem Land,
  für die Verantwortlichen in den Staaten und Religionen,
  für alle Menschen, die sich nach Frieden in der Welt sehnen. – R

  Für die Kinder, die in Armut, Angst und Gewalt aufwachsen,
  für alle Menschen, die in Trauer und Verzweiflung leben,
  für alle, die Not leiden und keine Hoffnung haben. – R

  [Für alle, die uns vorausgegangen sind aus diesem Leben,
  für [N. und] die Verstorbenen aus unserer Gemeinde,
  für alle Toten, denen niemand helfen kann als Gott allein. – R]

V *Allmächtiger Gott,*
   du bist deiner Schöpfung nahe,
   du bist deiner Kirche nahe, wenn sie zu dir ruft.
   Dafür danken wir dir, guter Gott,
   wir loben dich und preisen dich
   im Heiligen Geist durch Jesus Christus, unseren Herrn.

GEBURT JOHANNES' DES TÄUFERS [24. 6.]   71

V *Lasst uns beten zu Gott, dem ewigen Licht,*
   dem Ursprung alles Guten:

R Du König des Himmels, erhöre uns.

L Lasst uns beten für die Kirche
   und für alle Frauen und Männer,
   die die Botschaft vom Kommen Christi in die Welt hinaustragen. – R

   Lasst uns beten für die Täuflinge
   und für alle Menschen,
   die sich neu auf Gott und sein Wort einlassen. – R

   Lasst uns beten für das Volk Israel und alle Völker der Erde,
   für die Frauen und Männer in allen Nationen,
   die Verantwortung tragen in Staat und Gesellschaft. – R

   Lasst uns beten für die Verfolgten:
   für alle Menschen, die wegen ihres Glaubens bedroht werden,
   für alle, die aufgrund von Hautfarbe und Geschlecht,
   Religion und Nationalität Unterdrückung erfahren. – R

   Lasst uns beten für die Notleidenden,
   für alle, die in Armut leben und deren Existenz bedroht ist. – R

   [Lasst uns beten für die Verstorbenen,
   für alle Menschen, deren Nähe wir vermissen,
   für alle, an die sich niemand mehr erinnert. – R]

V Gott, du Ziel unseres Lebens und unseres Glaubens,
   dir vertrauen wir uns an,
   denn du bist gütig und menschenfreundlich.
   Dich preisen wir, dich ehren wir
   im Heiligen Geist durch Jesus Christus, unseren Herrn.

PETRUS UND PAULUS [29. 6.]   72

V Lasst uns beten zu Gott,
   den die Apostel Petrus und Paulus verkündigten
   und mit ihrem Leben bezeugten:

R Herr, erbarme dich unser.

L Für unseren Papst N. und unseren Bischof N. – R

   Für alle Missionare und Gemeindeleiter. – R

   Für alle, die die Heilige Schrift auslegen und erforschen. – R

   Für die Regierenden in unserem Land,
   im Heiligen Land Israel und in der ganzen Welt. – R

   Für alle, die nicht an Christus glauben. – R

   Für alle Notleidenden. – R

   Für unsere Gemeinde,
   für uns, die wir hier versammelt sind. – R

   [Für [N. und] alle Verstorbenen
   in der Hoffnung auf ewiges Leben. – R]

V Gütiger Gott, du bist bei uns Menschen,
   du hörst die Stimme deiner Kirche, die zu dir ruft.
   Dafür danken wir dir,
   wir vertrauen uns dir an und wenden uns dir zu
   im Heiligen Geist durch Jesus Christus, unseren Herrn.

VERKLÄRUNG DES HERRN [6. 8.]   73

V *Gott hat sich in seinem Sohn Jesus Christus offenbart*
   in seiner Güte und Menschenfreundlichkeit.
   So lasst uns voll Vertrauen zu ihm beten:

R Kyrie eleison.

L Für die Bischöfe, die Nachfolger der Apostel,
   für alle, die im Dienst der Kirche stehen,
   und für alle Menschen, die an Christus glauben. – R

   Für das jüdische Volk, aus dem unser Erlöser hervorging,
   für alle, die an den Gott Israels glauben,
   und für alle Menschen guten Willens überall auf der Welt. – R

   Für alle Menschen, die in diesen Wochen Urlaub machen,
   für alle, die Zeit mit ihren Freunden und Familien verbringen,
   und für alle, die in den Sommermonaten Kraft und Freude
   schöpfen. – R

   Für die Opfer von Unrecht und Gewalt,
   für alle, die vom Leben enttäuscht und ohne Hoffnung sind,
   und für alle Menschen,
   die arm und einsam, krank und verzweifelt sind. – R

   [Für [N. und] die Verstorbenen aus unserer Gemeinde,
   für alle, an die wir uns in Dankbarkeit erinnern,
   und für alle Menschen,
   die vergessen worden sind im Strom der Geschichte. – R]

V *Gütiger Gott,*
   zu dir beten wir,
   denn du bist deiner Kirche nahe, die ihre Stimme zu dir erhebt.
   Erhöre unser Gebet,
   wandle all unsere Not!
   Darum bitten wir dich im Heiligen Geist
   durch Jesus Christus, unseren Herrn.

AUFNAHME MARIENS IN DEN HIMMEL   74
[15. 8.]

V   *An diesem festlichen Tag,*
an dem wir die Herrlichkeit des Himmels schauen,
lasst uns beten zu Gott, dem Maria sich ganz anvertraute:

R   Du König des Himmels, erhöre uns.

L   Für unsere Gemeinde und unsere ganze Kirche,
für alle christlichen Kirchen und Gemeinschaften
und für alle Menschen,
die im Dienst von Verkündigung und Seelsorge stehen. – R

Für alle Frauen, die ein Kind erwarten,
für die Mütter und Väter im schwierigen Auftrag der Erziehung
und für alle Familien,
die in Streit und Unverständnis zerbrochen sind. – R

Für die Mächtigen in den Religionen und Staaten der Welt,
für alle Menschen, die guten Willens nach der Wahrheit suchen,
und für alle, die in Kriegs- und Krisengebieten
in Angst und Sorge leben. – R

Für die Kranken und Verzweifelten;
für alle, die arm sind und ohne Nahrung;
für alle, die keine Hoffnung haben. – R

[Für alle Menschen, die von uns gegangen sind,
für [N. und] alle Verstorbenen aus unserer Gemeinde,
für alle, denen Gott den Weg zum ewigen Leben öffnen will. – R]

V   *Allmächtiger, gütiger Gott,*
du Gott der Auferweckung,
du hast Maria, das Urbild der Kirche, zu dir aufgenommen.
Vertrauensvoll richten wir unser Gebet an dich,
wir rufen zu dir, wir ehren und preisen dich
im Heiligen Geist durch Jesus Christus, unseren Herrn.

KREUZERHÖHUNG [14. 9.]   75

V *Lasst uns beten zu Gott,*
der uns im Kreuz Jesu Christi
seine Liebe und Menschenfreundlichkeit offenbart hat:

R Herr, erbarme dich.

L Für unsere Gemeinde und unsere ganze Kirche
und auch für die orthodoxen Christen,
die den Tag der Kreuzerhöhung in großer Festlichkeit begehen. – R

Für die Christen in Jerusalem,
für alle Menschen im Heiligen Land,
besonders für jene,
die sich um ein Zusammenleben in Frieden bemühen. – R

Für die Völker der Erde,
für alle Menschen überall auf der Welt,
besonders für die Regierenden. – R

Für die Leidenden und Sterbenden,
für alle, die im Leben ein schweres Kreuz zu tragen haben,
besonders für die Opfer von Gewalt und Hass. – R

Für alle Menschen, die angesichts von Leid und Gewalt
hoffnungslos geworden sind,
für alle, die nicht an das Gute glauben können,
für alle, die den Glauben an Gott verloren haben. – R

[Für [N. und] alle Verstorbenen aus unserer Gemeinde,
für alle Menschen, die aus dieser Welt geschieden sind,
für alle, die um ihres Glaubens willen ermordet wurden. – R]

V *Allmächtiger Gott,*
du Gott Jesu Christi, der sich im Kreuz offenbarte,
dich beten wir an voll Hoffnung und Freude,
zu dir rufen wir, dich preisen wir
im Heiligen Geist durch Jesus Christus, unseren Herrn.

ALLERHEILIGEN [1. 11.]   76

V *Zu Gott, der Quelle aller Heiligkeit,*
  lasst uns beten voll Vertrauen:

R Herr, erbarme dich unser.

L Für unseren Papst N., unseren Bischof N.
  und für alle Frauen und Männer,
  die in Wort und Tat den Glauben bezeugen. – *R*

  Für alle, die im Stillen ein Dasein leben,
  das ganz aus dem Glauben an Gott schöpft. – *R*

  Für alle, die in unserer Gesellschaft eine Vorbildfunktion haben:
  in Politik, Kultur und Erziehung,
  in Schule, Arbeitswelt und Wissenschaft. – *R*

  Für alle Kinder und Jugendlichen,
  besonders für die, denen gute Vorbilder für ihr Leben fehlen. – *R*

  Lesejahre A und C:
  Für alle Armen und Trauernden,
  für alle, die keine Gewalt anwenden,
  die hungern und dürsten nach Gerechtigkeit,
  für alle Barmherzigen und alle, die ein reines Herz haben,
  für alle, die Frieden stiften. – *R*

  Für alle, die um der Gerechtigkeit willen verfolgt werden,
  die um Christi willen
  beschimpft und verleumdet werden,
  die wegen ihres Glaubens ihr Leben aufs Spiel setzen. – *R*

  Lesejahr B:
  Für alle Menschen, die nicht an Gott glauben,
  denen Christus nichts bedeutet. – *R*

  Für alle, die arm sind, die hungern an Leib und Seele,
  die sich nach Nahrung und Leben sehnen. – *R*

[Für unsere Verstorbenen, besonders für alle,
deren wir in diesen Tagen in dankbarer Erinnerung gedenken. – R]

V *Gott, du Quelle aller Heiligkeit, dir vertrauen wir unsere Sorgen an,*
unsere Nöte und unsere Bitten für Kirche und Welt.
Denn du bist ein Gott, der alles zum Guten führt;
du bist ein Gott des ewigen Lebens.
Darum ehren wir dich und preisen dich
im Heiligen Geist durch Jesus Christus, unseren Herrn.

ALLERSEELEN [2. 11.]   77

V *Zu Gott,*
dem Herrn über Leben und Tod,
lasst uns beten:

R Erhöre uns, o Herr.

L Für alle Menschen, die nach dem Tod eines Angehörigen
einsam und ziellos geworden sind. – R

Für alle Eltern, die um ihr Kind trauern;
für alle Kinder, die zu Waisen geworden sind. – R

Für alle, die in ihrer Trauer und ihrem Schmerz
nicht wahrgenommen oder nicht ernstgenommen werden. – R

Für alle Schwerkranken,
denen der eigene Tod vor Augen steht. – R

Für alle, die einen Sterbenden in seinen letzten Stunden begleiten. – R

Für alle, die an ihrer Sterblichkeit verzweifeln;
für alle, die angesichts der Macht des Todes
nicht an Gott glauben können. – R

[Für [N. und] alle aus unserer Gemeinde, die verstorben sind,
und für alle Toten, in der Hoffnung auf ewiges Leben bei Gott. – R]

V *Gott, du vermagst Not in Rettung*
   und Tod in Leben zu verwandeln.
   Erhöre unser Gebet, guter Gott,
   du Freund des Lebens.
   Darum bitten wir dich im Heiligen Geist
   durch Jesus Christus, unseren Herrn.

WEIHETAG DER LATERANBASILIKA [9. 11.]   78

V *In Gemeinschaft mit der ganzen Kirche*
   lasst uns voll Vertrauen zu Gott beten:

R Gott, sende herab deinen Geist.

L Für unseren Papst N. in seinem Dienst
   an der Bewahrung des Glaubens
   und an der Einheit der Christen. – *R*

   Für die Bischöfe, Priester und Diakone;
   für alle Frauen und Männer im Dienst der Kirche
   und für uns, die wir hier zur Feier des Glaubens versammelt sind.
   – *R*

   Für die Christen in den getrennten Kirchen,
   besonders für diejenigen,
   die das Papstamt als Hindernis für die Einheit der Christen sehen. – *R*

   Für die Pilger,
   die um ihres Glaubens willen die Stadt Rom besuchen. – *R*

   Für die Völker der Erde
   und für die Frauen und Männer, die sie regieren. – *R*

   Für die Notleidenden in unserer Mitte,
   in unserem Land und in der ganzen Welt. – *R*

   [Für die Verstorbenen, für die wir auf ewiges Leben hoffen. – *R*]

V   *Gott,*
    du Gott Jesu Christi, du Gott der Apostel,
    du Gott, dem wir vertrauen,
    erhöre unsere Bitten.
    Sei deinem Volk nahe, wenn es sich dir anvertraut und zu dir ruft
    im Heiligen Geist durch Jesus Christus, unseren Herrn.

MARIÄ ERWÄHLUNG [8. 12.]   79

V   *An diesem festlichen Tag,*
    da Gott seine Nähe und Liebe zur Menschheit bezeugt,
    lasst uns voll Hoffnung und Vertrauen unsere Bitten vor ihn tragen:

R   Kyrie eleison.

L   Lasst uns beten für unsere ganze Kirche,
    besonders für die Bischöfe, Priester und Diakone und
    für alle Frauen und Männer, die ein kirchliches Amt bekleiden. – R

    Lasst uns beten für die Völker der Erde,
    besonders für die Regierenden und für alle Frauen und Männer,
    die das Leben in Wirtschaft und Kultur gestalten. – R

    Lasst uns beten für alle Mütter und alle Familien,
    besonders für jene, die es schwer miteinander haben,
    und für alle Menschen, die miteinander in Gemeinschaft leben. – R

    Lasst uns beten für die Kranken, Schwachen und Notleidenden,
    besonders für jene,
    die in den Wintermonaten um ihr Leben fürchten,
    und für alle Menschen,
    die sich nach Gesundheit und Sicherheit sehnen. – R

    Lasst uns beten für die Täter und Opfer von Gewalt,
    besonders für diejenigen, die nicht mehr an das Gute glauben,
    und für alle Menschen, deren Leben aussichtslos geworden ist. – R

Lasst uns beten für unsere eigene Gemeinde
und für alle Menschen, mit denen wir unseren Alltag teilen. – R

[Lasst uns beten für die Verstorbenen [besonders für N.]
und für alle Menschen,
denen niemand mehr helfen kann als Gott allein. – R]

V *Gütiger Gott,*
das ganze Leben Marias
offenbart uns deine Nähe und Menschenfreundlichkeit.
Erhöre uns, wenn wir voll Vertrauen zu dir rufen,
leite unsere Wege und führe die ganze Welt zum Guten.
Darum bitten wir dich im Heiligen Geist
durch Jesus Christus, unseren Herrn.

STEPHANUS [26. 12.]   80

V *So wie Stephanus voll Vertrauen zu Gott rief,*
lasst auch uns mit Hoffnung und Zuversicht
unsere Bitten vor Gott tragen:

R Erhöre uns, o Herr.

L Lasst uns beten für unsere Kirche,
besonders für die Diakone
und für alle Frauen und Männer,
die in sozialen Diensten tätig sind. – R

Lasst uns beten für die getrennten Kirchen,
besonders für alle Christinnen und Christen,
die sich um Einheit im Glauben bemühen. – R

Lasst uns beten für die Christen auf der ganzen Welt,
besonders für alle, die um ihres Glaubens willen
beschimpft, verfolgt und verachtet werden. – R

Lasst uns beten für die Menschen in allen Völkern und Kulturen,
besonders für alle, die wegen ihrer Überzeugungen
Unrecht und Gewalt erleiden. – R

Lasst uns beten für die Kranken und Notleidenden,
besonders für alle aus unserer Mitte, die der Hilfe bedürfen. – R

Lasst uns beten für die Regierenden und die Mächtigen,
besonders für alle,
die ihre Mitmenschen ausnutzen und unterdrücken. – R

[Lasst uns beten für die Verstorbenen,
besonders für [N. und] alle,
denen wir uns in diesen festlichen Tagen
besonders nahe fühlen. – R]

V *Allmächtiger Gott,*
   so wie Stephanus dir vertraute,
   so vertrauen auch wir uns dir an:
   mit unseren Nöten und Sorgen,
   mit unseren Hoffnungen und Gebeten.
   Wende dich uns zu, erhöre unsere Bitten,
   die wir vor dich tragen im Heiligen Geist
   durch Jesus Christus, unseren Herrn.

JOHANNES [27. 12.]   81

V *Lasst uns beten zu Gott,*
   dem Gott Jesu Christi,
   dem Gott der Apostel,
   dem Gott der ganzen Kirche:

R *Wir bitten dich, erhöre uns.*

L Für alle, die wie Johannes berufen sind, den Glauben zu verkünden,
   besonders für die Bischöfe, die Nachfolger der Apostel. – R

Für alle, die wie Johannes berufen sind,
den Glauben in die Sprache ihrer Zeit zu übersetzen,
besonders in Predigt und Religionsunterricht. – R

Für alle jungen Menschen, Kinder und Jugendliche,
die sich auf Jesus Christus einlassen. – R

Für alle Regierenden, die das Leben der Völker ordnen,
für die Verantwortlichen im Heiligen Land
und überall, wo der Frieden gefährdet ist. – R

Für alle Notleidenden, Hungernden und Armen,
für die, die sich nach Nahrung und Sicherheit sehnen,
und für alle Einsamen, die auf menschliche Zuwendung hoffen. – R

Für alle, die in diesen weihnachtlichen Tagen
unglücklich und voller Angst sind. – R

Für unsere eigene Gemeinde,
besonders für alle, die sich in diesen Tagen erholen
und Kraft für das neue Jahr schöpfen. – R

[Für die Verstorbenen,
besonders [N. und] alle aus unserer Gemeinde,
für die wir auf ewiges Leben hoffen. – R]

V   *Gott,*
     du bist allen Menschen nahe,
     du bist deiner Kirche nahe, wenn sie zu dir ruft.
     Dafür danken wir dir, du menschenfreundlicher Gott,
     wir loben dich und preisen dich
     im Heiligen Geist durch Jesus Christus, unseren Herrn.

UNSCHULDIGE KINDER [28. 12.]   82

V *In Frieden, Hoffnung und Vertrauen*
   lasst uns beten zu Gott, unserem Vater:

R Herr, erbarme dich.

L Für alle Kinder,
   die in Armut und Unfrieden aufwachsen. – *R*

   Für alle Kinder,
   die ohne Eltern aufwachsen. – *R*

   Für alle Kinder,
   die noch nicht geboren sind. – *R*

   Für alle Menschen,
   die Kindern Böses antun. – *R*

   Für alle Eltern, Lehrer und Erzieher,
   die ihre Kraft in den Dienst der nächsten Generation stellen. – *R*

   Für alle Eltern, Lehrer und Erzieher,
   die mit ihren Aufgaben überfordert sind. – *R*

   [Für alle Verstorbenen,
   besonders für die Kinder, deren Leben endete,
   noch ehe es sich entfalten konnte. – *R*]

V *Gott,*
   du Gott der Lebenden und der Toten,
   erhöre unsere Bitten,
   komm unseren Sorgen mit deiner Liebe und Treue entgegen.
   Darum bitten wir dich im Heiligen Geist
   durch Jesus Christus, unseren Herrn.

KIRCHWEIHFEST   83

V *Am Festtag der Weihe dieser Kirche lasst uns beten zu Gott,*
   zu dessen Ehre dieses Haus erbaut ist:

R Du König des Himmels, erhöre uns.

L Lasst uns beten für alle, die in dieser Kirche Dienst tun:
   Priester und Diakone, Lektoren und Kantoren und Ministranten,
   Gottesdienstleiter und Kommunionhelfer,
   Mesner [Küster, Sakristane] und Organisten,
   Handwerker und freiwillige Helfer. – R

   Lasst uns beten für die,
   die dieses Haus besuchen, um darin zu beten,
   und für alle, die diese Kirche Tag für Tag an Gott erinnert. – R

   Lasst uns beten für unsere Gemeinde und unsere ganze Kirche,
   für alle lebendigen Steine des Hauses Gottes. – R

   Lasst uns beten für die Menschen,
   mit denen wir unseren Alltag teilen,
   und für alle Bewohner unserer Stadt [unseres Landes]. – R

   Lasst uns beten für die ganze Menschheit
   und für die Frauen und Männer, die die Völker der Erde regieren. – R

   Lasst uns beten für die Notleidenden auf der ganzen Welt, besonders für die Kranken, Armen und Einsamen mitten unter uns. – R

   [Lasst uns beten für die Verstorbenen,
   denen Gott eine ewige Wohnung in seinem Haus bereiten will,
   besonders für [N. und] alle Toten unserer Gemeinde. – R]

V *Allmächtiger Gott,*
   dieses Haus ist dir geweiht,
   hier erfahren wir deine Gegenwart,
   hier offenbart sich uns deine Menschenfreundlichkeit und Güte.
   Erhöre deine Kirche, die zu dir betet,

und erfülle uns mit Glauben, Hoffnung und Liebe.
Darum bitten wir dich im Heiligen Geist
durch Jesus Christus, unseren Herrn.

MARIENFESTE   84

V *In ihrem Vertrauen auf Gott*
ist Maria zum leuchtenden Vorbild im Glauben geworden.
Lasst auch uns voll Vertrauen zu Gott beten:

R Erbarme dich deines Volkes.

L Für unseren Papst N., unseren Bischof N.,
   für alle Priester und Ordensleute
   und für die ganze Christenheit. – R

   Für die Familien, für die alleinerziehenden Eltern,
   und für alle schwangeren Frauen. – R

   Für die Kinder und Jugendlichen
   und für alle, die in Erziehung,
   Unterricht und Sozialarbeit tätig sind. – R

   Für die Regierenden auf der ganzen Welt,
   denen die Sorge um Frieden und Wohlfahrt anvertraut ist,
   und für alle Völker der Erde. – R

   Für die Menschen, die Not leiden,
   die traurig sind und einsam, arm und obdachlos,
   die sich nach Zuwendung und erfülltem Leben sehnen. – R

   Für unsere eigene Gemeinde,
   besonders für die von uns, die unser Zusammenleben gestalten
   und Verantwortung tragen für die Verkündigung des Glaubens. – R

   [Für [N. und] alle Verstorbenen aus unserer Gemeinde,
   für die Menschen, die uns vorausgegangen sind
   in der Hoffnung, dass Gott ihnen ewiges Leben schenke. – R]

V *Wie Maria vertrauen wir uns dir an, o Gott,*
   mit unseren ausgesprochenen Bitten und auch in Stille.
   Erhöre uns und stärke die Menschen, für die wir beten.
   Darum bitten wir dich im Heiligen Geist
   durch Jesus Christus, unseren Herrn.

APOSTELFESTE   85

V *In der Nachfolge Jesu Christi*
   lasst uns unsere Herzen und unsere Stimme erheben
   zu Gott, unserem Vater:

R Herr, erbarme dich unser.

L Lasst uns beten für die Bischöfe, die Nachfolger der Apostel,
   besonders für Papst N. und für unseren Bischof N. – *R*

   Lasst uns beten für alle, die im kirchlichen Dienst stehen,
   besonders die Priester, Missionare und Religionslehrer,
   die den Glauben verkündigen und lehren. – *R*

   Lasst uns beten für die Mächtigen auf der ganzen Welt,
   besonders für die Regierenden in unserem eigenen Land. – *R*

   Lasst uns beten für alle,
   die der christlichen Botschaft kein Vertrauen schenken,
   besonders für jene, denen das Verhalten von Christen
   zum Hindernis im Glauben geworden ist. – *R*

   Lasst uns beten für alle Notleidenden,
   besonders für jene, die um ihres Glaubens willen
   bedroht, benachteiligt und verfolgt werden. – *R*

   Lasst uns beten für unsere eigene Gemeinde,
   besonders für die von uns,
   die sich mit dem Glauben schwertun. – *R*

[Lasst uns beten für alle Toten, besonders
für [N. und] alle Verstorbenen aus unserer Gemeinde. – R]

V   *Guter Gott,*
    du hast die Kirche auf dem Fundament der Apostel gegründet.
    Sie bezeugen uns deine liebende Nähe.
    Erhöre in dieser Stunde auch uns,
    wenn wir uns dir im Gebet anvertrauen,
    und führe die Welt zum Guten.
    Darum bitten wir dich im Heiligen Geist
    durch Jesus Christus, unseren Herrn.

MÄRTYRINNEN UND MÄRTYRER   86

V   *Im Vertrauen auf Gottes Nähe*
    lasst uns beten zu ihm, unserem Vater:

R   Erhöre uns, o Herr.

L   Für alle Christinnen und Christen,
    die um ihres Glaubens willen verfolgt werden,
    denen jeden Tag ihr eigenes Martyrium vor Augen steht. – R

    Für unsere Kirche und für alle christlichen Kirchen,
    für alle, die sich zu ihrem Glauben bekennen,
    auch wenn sie Spott und Bedrohung erfahren. – R

    Für alle Menschen, die wegen ihrer Überzeugungen
    verhöhnt und diskriminiert werden. – R

    Für alle Opfer von Hass, von Intoleranz und Rassismus,
    von politischer und psychischer Unterdrückung. – R

    Für alle Menschen, die andere zu schuldlosen Opfern machen. – R

    Für alle Armen und Notleidenden,
    Hungernden und Bedrängten. – R

Für die Opfer von Vertreibungen und Diskriminierung,
für die Flüchtlinge in unserer Stadt [unserem Land]. – R

[Für alle unsere Verstorbenen
[am heutigen Tag besonders für N.]. – R]

V *Gott, du Herr über Leben und Tod,*
dir wenden wir uns zu, denn du bist gut und menschenfreundlich,
mag in der Welt auch Böses geschehen.
Dir vertrauen wir uns an, guter Gott,
dich loben wir, dich ehren wir
im Heiligen Geist durch Jesus Christus, unseren Herrn.

HIRTEN DER KIRCHE –   87
KIRCHENLEHRER – KIRCHENLEHRERINNEN

V *[So wie die/der heilige N. auf Gott vertraute,]*
lasst [auch] uns voll Vertrauen
mit unseren Anliegen vor Gott treten:

R Schenk uns dein Erbarmen.

L Lasst uns beten
für unseren Papst N., unseren Bischof N. und für alle Bischöfe
in ihrem Amt als Hirten und Lehrer der Kirche. – R

Lasst uns beten für alle Missionare, Katecheten und Glaubenslehrer
in ihrem Dienst an Gott und den Menschen. – R

Lasst uns beten für alle, die im Glauben auf Irrwege geraten sind;
für alle, die den Glauben verloren haben;
für alle, die glauben wollen und es nicht können. – R

Lasst uns beten für alle, die Not leiden;
die in ihrem Umfeld und in der Kirche keine Hilfe erfahren;
die alleingelassen und vergessen sind. – R

Lasst uns beten für unsere eigene Gemeinde. – R

[Lasst uns beten für [N. und] alle Verstorbenen,
für die wir die endgültige Gemeinschaft
mit Gott und allen Heiligen erhoffen. – R]

V *Gütiger Gott,*
   du hörst unsere Bitten, die ausgesprochenen
   und auch die stillen, wenn uns die Worte fehlen.
   Sei gepriesen, du Hirte und Freund der Menschen,
   im Heiligen Geist durch Jesus Christus, unseren Herrn.

HEILIGE ORDENSLEUTE – EREMITEN – JUNGFRAUEN   88

V *Lasst uns beten zu Gott, der uns berufen hat,*
   vor ihm Fürbitte zu halten in den Anliegen der Welt:

R Kyrie eleison.

L [Für die Angehörigen des ...-ordens und]
   für alle,
   die in Armut, Ehelosigkeit und Gehorsam Christus nachfolgen;
   und für alle, die sie durch Tat und Gebet unterstützen. – R

   Für die Eheleute, Eltern und Familien;
   für alle, die mitten unter uns
   ein Leben in Treue zu Christus gestalten. – R

   Für alle, die in ihren Gemeinschaften Konflikte erfahren;
   für alle, die überfordert sind auf ihrem Weg der Nachfolge. – R

   Für die Kinder und Jugendlichen;
   für alle, die nach dem richtigen Weg für ihr Leben suchen. – R

   Für die Regierenden, die das Leben der Völker ordnen;
   für alle, die Einfluss haben auf das Schicksal der Menschheit. – R

Für alle Notleidenden, alle Gefangenen;
für alle Opfer von Kriegen, Terror und Gewalt. – R

[Für alle Verstorbenen,
besonders für die, die uns Vorbilder im Glauben waren. – R]

V *Gott,*
du liebst deine Schöpfung
und willst all unsere Sehnsucht
mit deiner Gegenwart erfüllen.
Dich ehren wir, dir danken wir im Heiligen Geist
durch Jesus Christus, unseren Herrn.

DIÖZESANPATRON   89

V *An diesem Tag,*
der unsere Diözese in festlicher Freude vereint,
lasst uns zu Gott beten in den Anliegen von Kirche und Welt:

R Herr, erbarme dich unser.

L Für unsere Diözese N.,
besonders für unseren Bischof N.,
für die Priester und Diakone,
für die Frauen und Männer in Seelsorge und Religionsunterricht
und für alle Gläubigen. – R

Für unsere Schwestern und Brüder
in den getrennten christlichen Kirchen,
besonders für jene,
die mit uns in unserer Stadt und unserem Land leben. – R

Für alle Kinder und Jugendlichen,
besonders für jene, die das Leben unserer Gemeinden mitgestalten,
und auch für alle, die in schwierigen Bedingungen aufwachsen. – R

Für die Menschen, die als Fremde unter uns leben,
für alle Völker der Erde,
besonders für die Frauen und Männer in den Regierungen. – R

Für alle Menschen, die Not leiden,
besonders für jene, die mitten unter uns Leid erfahren,
und für alle Hungernden und Verzweifelten auf der ganzen Welt. – R

[Für alle Verstorbenen,
besonders für [N. und] jene,
die mit uns in unserer Gemeinde gelebt haben,
und für alle, die im Glauben heimgegangen sind. – R]

V *Allmächtiger Gott,*
   in Gemeinschaft mit der ganzen Kirche
   vertrauen wir dir an diesem festlichen Tag unsere Bitten an.
   Erhöre uns, komm unserem Beten mit deiner Liebe entgegen.
   Darum bitten wir dich im Heiligen Geist
   durch Jesus Christus, unseren Herrn.

HEILIGE – VORBILDER   90

V *Lasst uns beten zu Gott,*
   der uns den Weg zu ihm aus Liebe eröffnet hat:

R Herr, erbarme dich unser.

L Für alle Menschen,
   die ihr Leben ganz aus dem Glauben gestalten;
   besonders jene,
   die mit Anfechtungen und Unverständnis konfrontiert sind. – R

   Für alle Menschen,
   die Vorbilder sind in Religion und Gesellschaft,
   und auch für jene,
   die auf der Suche nach Leitbildern sind. – R

Für alle Menschen,
die ihren Weg im Leben noch nicht gefunden haben;
und auch für jene,
die in diesen Tagen vor einer wichtigen Entscheidung stehen. – R

Für alle Menschen,
die den Glauben an Gott verloren haben;
besonders jene,
die glauben wollen und es doch nicht können. – R

Für alle Menschen,
deren Leben von Leid erfüllt ist,
und auch für jene,
die sich um sie kümmern. – R

[Für [N. und] alle Menschen,
die von uns gegangen sind;
besonders jene,
die uns Vorbild im Glauben waren. – R]

V   *Gott,*
     du Quelle allen Glaubens und aller Heiligkeit,
     du sprichst uns deine Nähe und Güte zu,
     du bist uns auf unseren Wegen nahe.
     Sei gepriesen, Gott,
     sei gelobt und gepriesen im Heiligen Geist
     durch Jesus Christus, unseren Herrn.

HEILIGE – LEBEN FÜR ANDERE   91

V *Lasst uns beten zu Gott,*
der für uns das Leben in Fülle will:

R Wir bitten dich, erhöre uns.

L Für alle Frauen und Männer,
die den Glauben an Christus
durch Wort und Tat bezeugen. – R

Für alle,
die sich in den Dienst ihrer Mitmenschen stellen,
die in der Welt Verantwortung tragen
für Frieden und Sicherheit, für Wohlfahrt und Gerechtigkeit. – R

Für alle,
die im Alltag die Liebe zum Nächsten leben,
die sich in Familie und Freundeskreis,
in Erziehung und sozialen Diensten
um das Wohl der Menschen sorgen. – R

Für alle Kinder und Jugendlichen,
die sich so oft nach Vorbildern und Wegweisern sehnen,
denen sie vertrauen können. – R

Für alle,
die sich in das Böse verstrickt haben,
die gefangen sind
in einem Netz von Gewalt und Misstrauen. – R

[Für [N. und] alle Verstorbenen,
die allein Gott aufnehmen kann
in die Gemeinschaft mit ihm und allen Heiligen. – R]

V *Gott, wie unsere Vorbilder im Glauben wenden auch wir uns dir zu,*
denn du bist ein Gott der Güte und Treue.
Erhöre unser Gebet, das wir vor dich tragen
im Heiligen Geist durch Jesus Christus, unseren Herrn.

Zur Taufe eines Kindes 92

V *Lasst uns beten zu Gott,*
der uns in seine Kirche berufen hat:

R Herr, erbarme dich.

L Lasst uns beten für N. und für alle,
die heute durch das Sakrament der Taufe
in die Kirche aufgenommen wurden. – R

Lasst uns beten für N.s Eltern, für die Taufpaten,
für alle, die N. in den kommenden Jahren
auf ihrem/seinem Lebensweg begleiten werden,
besonders für jene, die sich bemühen,
ihr/ihm den christlichen Glauben zu bezeugen. – R

Lasst uns beten für alle Freunde, die N. finden wird,
die Menschen, die mit ihr/ihm leben werden,
besonders für jene, die ihr/ihm Gutes tun. – R

Lasst uns beten für unsere Kirche und für alle christlichen Kirchen,
besonders für alle Kinder und Jugendlichen,
die ihren Weg im Leben erst noch finden müssen. – R

Lasst uns beten für alle Menschen, die nicht an Gott glauben,
besonders für jene, denen jeder Lebenssinn fehlt. – R

Lasst uns auch beten für alle Menschen,
die Not leiden und verzweifelt sind,
besonders für jene, die keine Zuversicht mehr haben
und für ihre Zukunft keine Perspektiven sehen. – R

[Lasst uns beten für alle Verstorbenen,
die uns zu Gott vorausgegangen sind,
besonders für jene, die uns Vorbilder im Glauben waren. – R]

V *Lebenspendender Gott, du Ursprung und Ziel der Welt,*
im Zeichen der Taufe

hast du uns ein Bild des ewigen Lebens gegeben.
Erhöre uns, wenn wir uns voll Hoffnung an dich wenden
und uns dir anvertrauen.
Darum bitten wir dich im Heiligen Geist
durch Jesus Christus, unseren Herrn.

ZUR TAUFE EINES ERWACHSENEN   93

V   *Lasst uns beten zu Gott, der Quelle unseres Glaubens,*
    dem Hirten der Kirche,
    dem Ziel unseres Lebens:

R   Gott, sende herab deinen Geist.

L   Für N., die/der heute durch das Sakrament der Taufe
    in die Gemeinschaft der Glaubenden aufgenommen wurde,
    und für alle,
    die als Erwachsene den Weg in die Kirche Jesu Christi finden. – *R*

    Für die Taufpaten,
    für die Menschen, die in den kommenden Jahren
    gemeinsam mit N. im Glauben leben werden,
    für unsere Gemeinde
    und für die ganze Kirche. – *R*

    Für die Getauften in allen christlichen Kirchen und Gemeinschaften,
    mit denen wir verbunden sind im Glauben an Jesus Christus. – *R*

    Für die Menschen in allen Völkern, Kulturen und Religionen,
    die mit lauterem Herzen nach Wahrheit und Lebenssinn suchen,
    und für jene, die die Staaten der Erde führen
    und die Gesellschaft durch ihr Tun prägen. – *R*

    Für die Menschen,
    die an Angst und Hunger, an Krankheit und Verzweiflung leiden,
    und für alle, die um ihr Leben fürchten. – *R*

[Für die Menschen, die uns im Glauben vorausgegangen sind,
für die Verstorbenen, deren wir in dieser Stunde gedenken,
und für alle Toten überall auf der Welt
und zu allen Zeiten der Geschichte. – R]

V *Lebenspendender Gott, du Ursprung und Ziel der Welt,*
im Zeichen der Taufe
hast du uns ein Bild des ewigen Lebens gegeben.
Erhöre uns, wenn wir uns voll Hoffnung an dich wenden
und uns dir anvertrauen.
Darum bitten wir dich im Heiligen Geist
durch Jesus Christus, unseren Herrn.

ZUR FIRMUNG 94

V *Lasst uns beten zu Gott,*
der uns nahe ist mit seinem Heiligen Geist:

R Kyrie eleison.

L Für die Firmlinge des heutigen Tages,
für ihre Firmpaten und Angehörigen
und für unsere ganze Gemeinde. – R

Für unsere Diözese N.,
für alle, die im kirchlichen Dienst stehen,
und für alle Frauen, Männer und Kinder,
die zu unserer Kirche gehören. – R

Für die christlichen Kirchen,
für alle Menschen, die ihr Leben auf Christus ausrichten,
und für alle, die immer wieder neu nach Gott suchen. – R

Für die Kinder und Jugendlichen unserer Gemeinde,
für die jungen Menschen, deren Zukunft noch vor ihnen liegt,
und für alle, die auf der Suche nach Wahrheit und Leben sind. – R

Für alle, die sich von der Kirche abgewandt haben,
für alle, die nicht zu uns gehören wollen,
und für alle, die andere Wege eingeschlagen haben
als die Wege des Glaubens. – R

Für die Mächtigen und Reichen,
für die Machtlosen und Armen
und auch für alle Menschen, die krank und traurig sind,
voll Hunger und Verzweiflung. – R

[Für unsere verstorbenen Angehörigen und Freunde,
für die Menschen, um die wir trauern,
und für alle, die wir niemandem anvertrauen können
als Gott allein. – R]

V *Allmächtiger Gott, von dir kommt alles Gute,*
von dir kommen Glaube, Hoffnung und Liebe.
Erhöre unser Gebet und führe uns auf deine Wege,
sei uns nahe und nimm uns bei dir auf.
Darum bitten wir dich im Heiligen Geist
durch Jesus Christus, unseren Herrn.

ZUR TRAUUNG 95

V *Es ist ein Abbild von Gottes wunderbarer Freundlichkeit,*
wenn Menschen einander lieben
und füreinander da sind in Wort, Tat und Gebet.
So lasst uns nun unsere Bitten vor ihn tragen:

R Wir bitten dich, erhöre uns.

L Lasst uns beten für N. und N.,
die Gott zusammengeführt hat zur gegenseitigen Liebe
und zum gemeinsamen Leben im Bund der Ehe. – R

Lasst uns beten für die Familien N. und N.;
für die Freundinnen und Freunde des Brautpaares;
für alle, die N. und N. auf ihrem Weg begleiten. – R

Lasst uns beten für alle Ehepaare, alle Familien;
für alle Liebenden;
für alle christlichen Kirchen und Gemeinschaften;
für alle, die berufen sind,
durch ihr Leben Zeugnis zu geben von Gottes grenzenloser Liebe.
– R

Lasst uns beten für alle Menschen,
deren Beziehungen zerbrochen sind;
die zerrütteten Familien und zerstrittenen Gemeinschaften;
für alle, die nicht mehr lieben können
vor Zorn, Enttäuschung und Verzweiflung. – R

Lasst uns beten für alle Leidenden;
für die Einsamen, die sich nach Zuwendung sehnen;
für die Kranken an Leib und Seele;
für die Hungernden und für die Opfer von Krieg und Gewalt;
für alle, die keine Hoffnung mehr haben
und nicht mehr weiterwissen. – R

[Lasst uns beten für die Verstorbenen;
[für N.;]
für die, die wir vermissen,
und auch für die,
die keine Spuren in unserem Leben hinterlassen haben;
für alle Toten, denen niemand helfen kann als Gott allein. – R]

V *Allmächtiger Gott,*
vor dich dürfen wir unsere Bitten tragen;
du vermagst alle Sorge und Not
in Freude und Leben zu verwandeln.
Dafür danken wir dir und preisen dich im Heiligen Geist
durch Jesus Christus, unseren Herrn.

Zu einem Ehejubiläum 96

V *An diesem festlichen Tag lasst uns voll Vertrauen zu Gott beten,*
der uns hierher geführt hat
und der uns nahe ist auf all unseren Wegen:

R Herr, erbarme dich unser.

L Für N. und N. am Tag ihrer goldenen Hochzeit /
ihrer silbernen Hochzeit / ihres Ehejubiläums. – R

Für [die Kinder und] die Angehörigen von N. und N.,
für ihre Freunde [und Kollegen],
für alle, die sie auf ihrem bisherigen Lebensweg begleitet haben,
und für alle, die ihnen Gutes getan haben. – R

Für alle Ehepaare und Familien,
für alle Liebenden
und für alle, die in Gemeinschaft den Glauben pflegen. – R

Für alle, deren Gemeinschaft in Streit und Wut geendet ist,
für alle, die unversöhnt sind und deren Liebe erloschen ist. – R

Für alle, die zu Opfern von Krieg und Armut wurden,
für alle, die im Alter Krankheit und Leid erfahren,
und für alle, die der Hilfe bedürfen. – R

[Für alle Verstorbenen,
besonders für [N. und alle] unsere Angehörigen,
an die wir uns voll Dankbarkeit erinnern. – R]

V *Allmächtiger, gütiger Gott,*
du hast N. und N. auf ihrem Weg begleitet,
du sagst ihnen auch heute neu deine Treue zu.
Erhöre unsere Bitten,
wende dich unserem Rufen zu,
das wir vor dich tragen im Heiligen Geist
durch Jesus Christus, unseren Herrn.

BESONDERE ANLÄSSE   97
IN DER PFARRGEMEINDE

V *Lasst uns beten zu Gott*
   voll Vertrauen auf seine Menschenfreundlichkeit und Liebe:

R Erbarme dich deines Volkes.

L Für unsere Pfarrgemeinde:
   für die, die unser Zusammenleben gestalten,
   für die, die unter uns zu Gast sind,
   für die, die neu bei uns leben und eine geistliche Heimat suchen. – R

   Für die Christinnen und Christen auf der ganzen Welt:
   für unsere Diözese und unsere ganze Kirche,
   für alle christlichen Kirchen und Gemeinschaften. – R

   Für die Abwesenden: für unsere kranken Angehörigen
   und auch für die, die mit uns nichts zu tun haben wollen. – R

   Für alle Menschen,
   die lauteren Herzens ihren Überzeugungen folgen:
   für die Juden und Muslime, besonders in unserer Stadt,
   und auch für die Menschen, die an keinen Gott glauben. – R

   Für die Kinder und Jugendlichen:
   für die, die sich in unserer Mitte
   auf die [Taufe,] Erstkommunion [und Firmung] vorbereiten,
   und auch für die, die orientierungslos sind. – R

   Für alle Menschen, die Not leiden:
   für die Trauernden in unserer Gemeinde,
   für die Armen und Kranken,
   für die Ausgebeuteten und Verfolgten auf der ganzen Welt. – R

   [Für [N. und] alle Toten:
   für die, die aus unserer Gemeinde verstorben sind,
   für die, deren wir in dieser Stunde besonders gedenken,
   für die, die unversöhnt und in Angst von uns gegangen sind. – R]

V *Gott, du guter Gott,*
   zu dir rufen wir, denn du bist ein Freund der Menschen
   und hörst auf unser Beten.
   Erhöre uns, wenn wir zu dir rufen,
   erbarme dich unser und führe die Welt zum Guten.
   Darum bitten wir dich im Heiligen Geist
   durch Jesus Christus, unseren Herrn.

WELTKIRCHE – MISSION   98

V *Lasst uns beten zu Gott,*
   dem Herrn der Kirche auf der ganzen Erde:

R Erbarme dich deines Volkes.

L Lasst uns beten für unsere Gemeinde, unsere Kirche
   und für die Christinnen und Christen auf der ganzen Welt,
   besonders für alle, die in dieser Stunde Gottesdienst feiern. – R

   Lasst uns beten für die Menschen,
   die im Dienst der Glaubensverkündigung stehen,
   besonders für die Missionare und alle,
   die für das Evangelium ihre Heimat verlassen haben. – R

   Lasst uns beten für die Menschen,
   die sich um Kranke und Leidende auf der ganzen Welt sorgen,
   besonders für alle, die für ihren Dienst keine Achtung erfahren. – R

   Lasst uns beten für die Regierenden,
   besonders für jene, die ihr Leben riskieren
   im Einsatz für eine gerechte Ordnung ihrer Länder. – R

   Lasst uns beten für alle Menschen,
   die in den verschiedenen Kulturen und Religionen
   nach dem Guten streben, besonders für jene,
   die ihr Leben dem Frieden und der Gerechtigkeit widmen. – R

Lasst uns beten für die Menschen,
die zu Opfern von Krieg und Terror,
von Rassismus und Gewalt geworden sind,
besonders in [N. und in] allen Ländern,
in denen Armut und Unterdrückung herrschen. – R

[Lasst uns beten für die Verstorbenen,
für [N. und] alle Heimgegangenen unserer Gemeinde,
für die Toten auf der ganzen Welt
und zu allen Zeiten der Geschichte. – R]

V *Gott, du liebender Vater der ganzen Welt,*
   sieh auf deine Schöpfung und höre die, die zu dir rufen.
   Befreie die Welt von Tod und Zerstörung,
   lass Frieden wachsen und Gerechtigkeit auf der Erde blühen.
   Darum bitten wir dich im Heiligen Geist
   durch Jesus Christus, unseren Herrn.

KIRCHLICHE BERUFE   99

V *Lasst uns zu Gott beten für die Kirche auf ihrem Weg durch die Zeit:*

R *Erbarme dich deines Volkes.*

L Für unseren Papst N., unseren Bischof N. und alle Bischöfe,
   denen die Bewahrung des Glaubens anvertraut ist. – R

   Für die Priester, die Diakone
   und für alle Frauen und Männer,
   die ihre Kraft einsetzen in Seelsorge und Gemeindeleitung,
   in Mission und Verkündigung. – R

   Für alle, die Sorge tragen für Arme, Kranke und Schwache;
   in Kliniken und Altenheimen,
   in sozialen Einrichtungen und Gefängnissen,
   in Kriegsgebieten und überall auf der Welt. – R

Für alle, die Sorge tragen in Ausbildung und Erziehung,
an Hochschulen, Schulen und Kindergärten. – R

Für alle, die Verantwortung tragen in der Liturgie,
Organisten und Kantoren,
Lektoren und Kommunionhelfer,
und alle Frauen und Männer, Kinder und Jugendliche,
die Dienste in unseren Gottesdiensten übernehmen. – R

Für alle, die vor der Entscheidung stehen,
ihr Leben in kirchlichen Dienst zu stellen,
und für die Frauen und Männer, die andere Menschen
auf dem Weg zu einem Beruf in der Kirche begleiten. – R

Für alle, die die vielen Dienste tun in unseren Gemeinden,
die in Verwaltung und Handwerk tätig sind,
die unsere Kirchen schmücken und pflegen. – R

[Für [N. und] alle Verstorbenen,
die uns im Glauben vorausgingen,
mit denen wir in Gottes Liebe für immer verbunden bleiben. – R]

V *Gott,*
   du rufst Menschen in deinen Dienst
   und fügst sie in der Kirche
   zu einem lebendigen Leib zusammen.
   Leite uns in deiner Gnade
   und lass unser Bemühen Frucht bringen
   zu deinem Lob und zum Wohl der Menschen.
   Darum bitten wir dich im Heiligen Geist
   durch Jesus Christus, unseren Herrn.

GEISTLICHE BERUFUNGEN 100

V *Lasst uns Gott bitten um die Gaben des Heiligen Geistes*
  für alle Menschen, für Kirche und Welt:

R Wir bitten dich, erhöre uns.

L Für unseren Papst, die Bischöfe und Priester
  in ihrem Dienst an der Kirche und den Menschen. – *R*

Für alle Ordensfrauen und Ordensmänner
in ihrer Berufung,
durch Gebet und Taten der Nächstenliebe
den Glauben zu leben und zu bezeugen. – *R*

Für alle Arbeiterinnen und Arbeiter im Weinberg Gottes
in allen Berufen und Lebensformen,
die gemeinsam zum Zeugnis vor der Welt berufen sind. – *R*

Für alle Frauen und Männer, die vor der Entscheidung stehen,
ihr Leben in kirchlichen Dienst zu stellen,
als Priester oder Ordensleute,
in Seelsorge, Mission und Religionsunterricht. – *R*

Für die Kinder und Jugendlichen,
die ihren Weg mit Gott noch finden müssen;
für alle jungen Erwachsenen, die ihre Berufung klären wollen,
und für alle, die sie begleiten. – *R*

Für alle, die von der Kirche enttäuscht wurden,
die in ihren Gemeinden und Gemeinschaften
Verletzungen erfahren haben,
die mit ihren Anliegen und Fragen
keinen Platz bei uns finden. – *R*

[Für die Verstorbenen
besonders für [N. und] alle,
deren Lohn im Himmel du selbst sein willst. – *R*]

V　*Guter Gott,*
　　du rufst alle Menschen zum Heil.
　　Lass uns und alle Menschen die Wege finden,
　　auf denen du uns zu dir führen willst.
　　Darum bitten wir dich im Heiligen Geist
　　durch Jesus Christus, unseren Herrn.

LEBEN AUS DEM GLAUBEN　　　　　　101

V　*Lasst uns beten zu Gott*
　　in den Anliegen unserer Kirche und der ganzen Welt:

R　Erhöre uns, o Herr.

L　Für unseren Papst N., unseren Bischof N.,
　　die Priester und Diakone und alle Frauen und Männer,
　　die in Leitung und Verkündigung tätig sind. – R

　　Für die Orden unserer Kirche
　　und für alle,
　　die in geistlichen Gemeinschaften ihren Glauben gestalten. – R

　　Für die Familien
　　und für alle, die in Partnerschaften und im Freundeskreis
　　den Glauben pflegen und für ihr Leben bedenken. – R

　　Für alle, die allein und in Stille
　　Gottes Nähe suchen und sich für sein Wort öffnen. – R

　　Für alle, die nicht an Gott glauben;
　　für alle, die in ihrem Leben dem Spruch ihres Gewissens
　　und ihren Überzeugungen folgen. – R

　　[Für alle Verstorbenen,
　　gleich, welchen Weg sie im Leben wählten
　　und worauf sie in ihrem Dasein hofften. – R]

V Gütiger Gott,
du bist uns Menschen nahe.
Stärke deine Kirche, die zu dir betet,
und führe unser Geschick zum Guten.
Darum bitten wir im Heiligen Geist
durch Jesus Christus, unseren Herrn.

UMKEHR – SCHULD – VERSÖHNUNG 102

V *Lasst uns beten zu Gott, der uns einlädt, vor ihn zu treten*
mit allem, was uns auf dem Herzen liegt:

R Wir bitten dich, erhöre uns.

L Für alle Menschen, die im Dienst des Glaubens stehen;
für die christlichen Kirchen, Gemeinden und Gemeinschaften;
für alle, die Gott suchen und ihr Leben nach ihm ausrichten. – R

Für alle Menschen,
die sich in den Dienst der Armen und Notleidenden stellen;
durch Werke der Nächstenliebe und geistlichen Beistand. – R

Für alle Menschen, die schuldig geworden sind;
für die, die unter ihren Fehlern leiden,
die mit ihrer Vergangenheit ringen,
und auch für die, die willentlich das Böse tun. – R

Für alle Menschen, die umkehren wollen,
die das Evangelium neu leben wollen,
die Vergebung suchen und sich um Versöhnung bemühen. – R

Für alle Menschen, die vergessen worden sind
von ihren Freunden und Nachbarn,
von der Kirche und Gesellschaft;
die sich nach Hilfe sehnen und doch allein bleiben;
die in Angst, Not und Einsamkeit verzweifeln. – R

[Für die Verstorbenen;
besonders für alle, die unversöhnt gestorben sind. – R]

V *Vater,*
bei dir ist Vergebung, du hörst unser Rufen
und schenkst uns immer wieder einen neuen Anfang.
Sei gepriesen, gütiger Gott, im Heiligen Geist
durch Jesus Christus, unseren Herrn.

SCHULD UND SCHEITERN   103

V *Lasst uns beten zu Gott, der uns beisteht*
in den fröhlichen wie auch den traurigen Stunden unseres Lebens:

R Herr, erbarme dich.

L Für alle, die verzagt und ängstlich sind. – R

    Für alle, die Schuld auf sich geladen haben. – R

    Für alle, die an ihrer eigenen Schuld verzweifeln. – R

    Für alle, die krank, traurig und kraftlos geworden sind. – R

    Für alle, die in ihrem Leben keinen Sinn mehr sehen. – R

    Für alle, die den eigenen Tod vor Augen haben. – R

    [Für alle Verstorbenen. – R]

V *Allmächtiger Gott,*
du bist der Herr der Welt,
du kannst alle Zerstörung und alles Leid zum Guten führen.
Erbarme dich unser, guter Gott,
höre unsere Stimme, die zu dir ruft.
Darum bitten wir dich im Heiligen Geist
durch Jesus Christus, unseren Herrn.

SUCHE NACH GOTT   104

V *Lasst uns beten zu Gott,*
   der im unzugänglichen Licht wohnt
   und der uns doch annimmt und trägt und bei uns ist
   in unserem Suchen, unseren Nöten und unseren Bitten:

R Erhöre uns, o Herr.

L Für alle, die in Gottes Namen auftreten;
   in der kirchlichen Verkündigung, im privaten Alltag;
   für alle, die nach Gott fragen;
   für alle, die aus Glaube, Hoffnung und Liebe
   ihr Leben zu gestalten versuchen. – *R*

   Für alle, die den Glauben verloren haben;
   die glauben wollen und es nicht können;
   für alle, denen die Kirche und die Spaltungen in der Christenheit
   zum Hindernis in ihrer Suche nach Gott geworden sind. – *R*

   Für alle, die nach Gerechtigkeit streben:
   für unsere Stadt und unser Land,
   in Politik und Wirtschaft, Kultur und Wissenschaft. – *R*

   Für alle, die nach dem Sinn des Lebens suchen;
   in Einsamkeit und Krankheit, in Armut und Überdruss;
   für alle, die nicht mehr hoffen können. – *R*

   [Für alle Verstorbenen;
   für die, deren Hoffnungen und Sehnsüchte wir kannten,
   und für die, um die niemand von uns weiß. – *R*]

V *Guter Gott,*
   du kennst unser Suchen und unsere Sehnsüchte.
   Unsere Bitten verhallen nicht ungehört vor deinem Ohr.
   Für deine Nähe und Treue danken wir dir
   und preisen dich im Heiligen Geist
   durch Jesus Christus, unseren Herrn.

STUDIUM – AUSBILDUNG – JUGEND   105

V *Zu Gott, dem Herrn über alle Zeit,*
  lasst uns beten für die Zukunft von Kirche und Welt:

R Herr, erbarme dich.

L Für die Kirche
   und alle, die den Glauben an junge Menschen weitergeben;
   Mütter und Väter, Priester, Katecheten und Religionslehrer
   und alle, die sich in den Dienst der Verkündigung stellen. – R

   Für alle, die sich auf ein kirchliches Amt vorbereiten. – R

   Für alle Studenten, alle Auszubildenden und Schüler;
   für alle, die nach uns
   das Leben in Kirche und Gesellschaft gestalten werden. – R

   Für die Jugendlichen, die ihr Leben selbst zu verantworten lernen;
   für alle, die nach einem Sinn für ihr Dasein suchen;
   und für alle, die schon in jungen Jahren
   resigniert und ohne Hoffnung sind. – R

   Für die Kinder, denen die Zukunft offensteht;
   für alle, die unter schwierigen Bedingungen aufwachsen;
   und für alle körperlich und geistig behinderten Kinder. – R

   [Für alle Verstorbenen,
   besonders für die, die von uns gingen,
   noch ehe ihr Leben richtig begann. – R]

V *Gott,*
  du hörst die Stimme derer, die zu dir rufen;
  du führst deine Kirche durch die Zeit.
  So vertrauen wir uns dir an,
  wir ehren dich und loben dich im Heiligen Geist
  durch Jesus Christus, unseren Herrn.

KINDER 106

V *Lasst uns beten zu Gott, dem Schöpfer des Lebens,*
der all seinen Geschöpfen wie geliebten Kindern zugeneigt ist:

R Erhöre unser Gebet.

L Für die Kinder und Jugendlichen in unserer Gemeinde,
die nach dem Glauben fragen
und eine geistliche Heimat suchen. – R

Für die Familien und für alle Frauen und Männer,
die sich als Lehrer und Erzieher
in den Dienst von Kindern stellen. – R

Für alle Kinder, die in ihren Familien Opfer von Gewalt werden. – R

Für alle Kinder, die in Armut und Hunger aufwachsen. – R

Für alle Kinder, die krank sind an Leib und Seele;
besonders jene, die verspottet und ausgegrenzt werden. – R

Für alle Kinder,
die als Flüchtlinge fern ihrer Heimat aufwachsen. – R

Für alle Kinder, die im Sterben liegen,
und für ihre Angehörigen. – R

[Für alle Kinder, die aus dem Leben gerissen wurden,
und für alle unsere Toten. – R]

V *Allmächtiger Gott,*
du rufst die Schöpfung ins Dasein
und hältst deine schützende Hand über die ganze Welt.
Segne unsere Kinder, erfülle die Welt mit Frieden und Gerechtigkeit
und führe uns auf den Weg zu dir.
Darum bitten wir dich im Heiligen Geist
durch Jesus Christus, unseren Herrn.

FRAUEN   107

V *Lasst uns beten zu Gott,*
   dem gütigen, liebenden Schöpfer der Welt:

R Wir bitten dich, erhöre uns.

L Lasst uns beten für alle Frauen in der Kirche;
   für jene, die das kirchliche Leben mitgestalten,
   für jene, die sich als ausgeschlossen und zurückgesetzt erleben,
   für jene, die nach Orientierung und erfülltem Leben suchen. – R

   Lasst uns beten für alle Frauen in der Gesellschaft;
   für jene, die Führungsaufgaben innehaben,
   für jene, die täglich im Berufsleben stehen,
   für jene, die arbeitslos sind. – R

   Lasst uns beten für alle Frauen in unseren Familien;
   für jene, die in glücklichen Ehen und Beziehungen leben,
   für jene, die Kinder haben,
   für jene, die einsam sind. – R

   Lasst uns beten für alle Frauen überall auf der Welt;
   besonders für jene, die in ihren Familien und Gesellschaften
   unterdrückt und ausgebeutet werden,
   für jene, die keine Möglichkeiten
   zu Bildung und selbstständiger Lebensführung haben,
   für jene, die in Armut, Hunger und Verzweiflung leben. – R

   Lasst uns beten für alle Menschen auf der ganzen Erde,
   Frauen, Männer und Kinder;
   für jene, die sich schwertun im Zusammenleben,
   für jene, die bemüht sind um Gerechtigkeit, Frieden und Freiheit,
   für jene, die Leid ertragen müssen. – R

   [Lasst uns beten für unsere Verstorbenen;
   für jene, die uns Vorbild im Glauben waren,
   für jene, die wir in unserer Mitte vermissen,
   für [N. und] alle Verstorbenen aus unserer Gemeinde. – R]

V *Gott,*
  du hütest uns wie ein liebender Vater, wie eine liebende Mutter.
  Du hörst unser Rufen und bist jedem Menschen nahe,
  der sich an dich wendet.
  Darum danken wir dir, wir loben dich, wir ehren dich
  im Heiligen Geist durch Jesus Christus, unseren Herrn.

GESCHLECHTER – GENERATIONEN 108

V *Lasst uns beten zu Gott,*
  der die Welt und uns Menschen aus Liebe erschaffen hat:

R Erhöre unser Gebet.

L Für alle, die Verantwortung tragen
  für das Leben von Kirche und Gesellschaft,
  in den Religionen und den Staaten der Welt. – R

  Für die Frauen in Kirche und Gesellschaft;
  besonders für jene, die sich zurückgesetzt sehen
  durch religiöse und soziale Strukturen. – R

  Für die Männer in Kirche und Gesellschaft;
  besonders für jene, die unsicher sind
  in ihrer Rolle in Beruf und Familie. – R

  Für die Kinder und Jugendlichen überall auf der Welt;
  besonders für jene, die unter Krieg und Gewalt leiden,
  und für die, die nach einer lohnenswerten Zukunft suchen. – R

  Für die Alten, deren Kräfte schwinden;
  besonders für jene, die einsam sind und enttäuscht,
  und für die, die voll Trauer sind über ihr eigenes Leben. – R

  [Für die Verstorbenen;
  besonders für [N. und] all jene, an die wir uns persönlich erinnern
  und die unseren Glauben und unser Leben geprägt haben. – R]

V *Gott,*
wir dürfen mit unseren Bitten vor dich treten;
denn du bist nahe, wenn ein Mensch sich an dich wendet.
Dafür danken wir dir
und vertrauen uns dir an im Heiligen Geist
durch Jesus Christus, unseren Herrn.

ELTERN – FAMILIE   109

V *Lasst uns unsere Bitten vor Gott tragen,*
im Vertrauen, dass er das Gute will
und die Wege kennt, die zum Heil führen:

R Erbarme dich deines Volkes.

L Für alle Frauen und Männer,
die in der Verkündigung des Glaubens Verantwortung tragen,
und für die ganze Kirche. – R

Für die Eltern und für die Alleinerziehenden;
für alle, die junge Menschen auf dem Weg ins Leben begleiten;
und für jene, die überfordert sind im Umgang mit ihren Kindern. – R

Für die Kinder,
deren Lebensweg noch offen ist,
die Rat und Orientierung brauchen. – R

Für alle Familien und Gemeinschaften,
die voller Zuneigung und Freude miteinander leben. – R

Für alle Familien und Gemeinschaften,
die zerstritten sind und keinen Weg zum Frieden finden. – R

Für die Notleidenden und die Trauernden,
die Kranken und die Einsamen;
für die Gequälten und die Ausgebeuteten,
die Obdachlosen und die Verzweifelten. – R

[Für [N. und] alle Verstorbenen
in der Hoffnung auf ewige Freude in Gottes Gegenwart. – R]

V *Barmherziger Gott,*
du kennst unsere Sorgen, noch ehe wir die Stimme zu dir erheben.
Erhöre unser Gebet, erfülle unsere Sehnsucht, wandle unsere Not.
Darum bitten wir dich im Heiligen Geist
durch Jesus Christus, unseren Herrn.

KRANKHEIT – SCHMERZ – SUCHT 110

V *Lasst uns beten zu Gott, dem Gott Israels,*
dem Freund des Lebens:

R Kyrie eleison.

L Für die ganze Christenheit,
besonders für die von uns,
die in Taten der Nächstenliebe
Zeugnis ablegen für Gottes Menschenfreundlichkeit. – R

Für alle Unfallopfer, alle Schwerverletzten,
alle Opfer von Gewalt,
die um Überleben und Heilung bangen. – R

Für alle, die an körperlichen Krankheiten leiden,
für die chronisch Kranken, die nicht mehr auf Besserung hoffen;
und für alle, die schon den Tod vor Augen haben. – R

Für alle, die an psychischen Krankheiten leiden,
für die Suchtkranken,
und für alle Menschen, die keinen Lebensmut mehr spüren. – R

Für unsere Gesellschaft,
besonders für die von uns,
die für die Anliegen der Schwachen eintreten. – R

Für alle Sterbenden,
seien sie voll Glauben an das ewige Leben
oder ohne Hoffnung auf ein gutes Ende. – R

[Für [N. und] alle Verstorbenen,
die niemand retten kann als Gott allein. – R]

V *Gott, du Gott des Lebens, du bist den Leidenden nahe,*
du bist uns selbst nahe in unseren Anliegen und Nöten.
Erhöre unser Gebet,
schenke uns dein Heil, du guter Gott.
Darum bitten wir dich im Heiligen Geist
durch Jesus Christus, unseren Herrn.

KRANKHEIT – MEDIZINISCHE BERUFE   111

V *Lasst uns beten zu Gott,*
der all unsere Not und unser Leid in seiner liebenden Hand hält:

R Herr, erbarme dich.

L Lasst uns beten für unsere Kirche, unsere Gemeinde,
besonders die von uns, die in Pflege und Seelsorge
im Namen Jesu Christi den Kranken dienen. – R

Lasst uns beten für alle, die leiden,
besonders für diejenigen,
die in ihrer Not alleingelassen und verzweifelt sind. – R

Lasst uns beten für alle, die in medizinischen Berufen tätig sind,
besonders für diejenigen,
die von ihrer Arbeit gestresst und ausgelaugt sind. – R

Lasst uns beten für alle Notleidenden
mitten unter uns und auf der ganzen Welt,
besonders für diejenigen,
die die Hoffnung auf ein erfülltes Leben verloren haben. – R

Lasst uns beten für alle Sterbenden,
besonders für diejenigen, denen wir uns verbunden wissen,
aber auch für die, denen in ihren letzten Stunden niemand
beisteht. – *R*

[Lasst uns beten für alle Verstorbenen,
für [N. und] alle Toten aus unserer Gemeinde,
für alle, die heimgegangen sind zu Gott,
dem liebenden Vater aller Menschen. – *R*]

V *Barmherziger Gott,*
du hast den Kranken und Leidenden deinen Beistand verheißen.
Erhöre auch uns in dieser Stunde,
erbarme dich unserer Nöte,
führe die Welt zum Guten.
Darum bitten wir dich im Heiligen Geist
durch Jesus Christus, unseren Herrn.

TOD – STERBLICHKEIT   112

V *Als sterbliche Menschen*
lasst uns voll Vertrauen beten
zu dem Einzigen, der stärker ist als der Tod:
Gott, unser liebender Vater.

R Kyrie eleison.

L Für alle, die leiden unter ihrer Vergänglichkeit,
deren Zeit zu schnell vergeht. – *R*

Für alle, die angesichts des Todes keine Hoffnung haben. – *R*

Für alle, die sich in ihrem Beruf,
ihrer Familie und in der Kirche um Sterbende kümmern. – *R*

Für alle, die in diesen Stunden mit dem Tod ringen. – *R*

[Für [N. und] alle Verstorbenen;
für die Bekannten und die Unbekannten;
für die Christen und Nichtchristen;
für die Gerechten und die Ungerechten,
die nun vereint sind im Tod,
die niemand retten kann als Gott allein. – R]

V *Allmächtiger Gott,*
   dir vertrauen wir uns an,
   zu dir rufen wir,
   der du stark bist und liebend und gut;
   der du die Angst überwinden kannst
   und die Schuld und den Tod.
   Wir ehren dich, wir preisen dich im Heiligen Geist
   durch Jesus Christus, unseren Herrn.

ZUM TOTENGEDENKEN   113

V *Lasst uns beten zu Gott,*
   dem Herrn über Leben und Tod:

R Kyrie eleison.

L Für alle Menschen aus unserer Gemeinde und unseren Familien,
   deren wir heute gedenken. – R

   Für alle Menschen, die zu Opfern von Gewalttaten wurden. – R

   Für alle, die durch Unfälle und Naturkatastrophen
   aus dem Leben gerissen wurden. – R

   Für alle Opfer von Krieg und Hass,
   von Ausbeutung und Unterdrückung. – R

   Für alle, deren Leben voller Schmerz,
   Trauer und Verzweiflung war. – R

Für alle, die in ihrem Leben schwere Schuld
auf sich geladen haben. – R

Für alle, die der Tod noch in ihren Kindertagen
aus dem Leben riss. – R

Für alle, die vergessen worden sind. – R

Für uns selbst, die Lebenden,
besonders für die, die in diesen Tagen
um den Verlust eines geliebten Menschen trauern. – R

V *Gott,*
unsere Toten sind in deiner Hand,
niemand kann ihnen helfen als du allein.
Rette die Verstorbenen aus der Dunkelheit,
hole sie in dein ewiges Licht,
erfülle sie mit Leben und Freude.
Darum bitten wir dich im Heiligen Geist
durch Jesus Christus, unseren Herrn.

ÖKUMENE – ALLGEMEIN 114

V *Lasst uns beten in den Anliegen unserer Gemeinde,*
unserer Kirche und der ganzen Christenheit:

R Erhöre uns, o Herr.

L Für unseren Papst N., unseren Bischof N.
und für alle, die im kirchlichen Dienst stehen,
lasst uns beten zum Herrn. – R

Für unsere Schwestern und Brüder
in den evangelischen [und orthodoxen,
in den altkatholischen und anglikanischen] Gemeinden
und für alle, die an Christus glauben, lasst uns beten zum Herrn. – R

Für die Politikerinnen und Politiker,
besonders für die, die über die Grenzen der Konfessionen hinweg
in der Gesellschaft christliche Optionen wachhalten,
lasst uns beten zum Herrn. – R

Für die Kranken, die Armen und Verfolgten,
für die Unterdrückten, die Gefangenen und Verzweifelten
und für alle Notleidenden lasst uns beten zum Herrn. – R

Für alle, die das Leben christlicher Gemeinden gestalten;
für die, die unter uns am Rand stehen und keine Heimat finden,
und auch für uns, die wir hier versammelt sind,
lasst uns beten zum Herrn. – R

[Für unsere geliebten Verstorbenen, [besonders für N.,]
für unsere verstorbenen Angehörigen und Freunde
und für alle Toten lasst uns beten zum Herrn. – R]

V *Allmächtiger Gott,*
du hörst zu, wann immer Menschen in Glauben und Vertrauen
ihre Stimme zu dir erheben.
Dafür loben und preisen wir dich, vereint im Heiligen Geist,
durch Jesus Christus, unseren Herrn.

ÖKUMENE – CHRISTLICHE KONFESSIONEN

115

V *Zum Gott Israels,*
  dem Gott Jesu Christi,
  lasst uns beten voll Zuversicht:

R Erbarme dich deines Volkes.

L Für unsere Pfarrgemeinde, für unsere Diözese
  und für unsere ganze Kirche. – R

  [Für unsere evangelische Nachbargemeinde N.,]
  für die evangelischen Christen
  in unserem Land und in der ganzen Welt. – R

  Für die orthodoxen Christen, die Anglikaner und Altkatholiken,
  für die Angehörigen der Freikirchen
  und für alle Frauen und Männer, die an Christus glauben. – R

  Für alle Menschen auf der ganzen Erde,
  die nach ihrer Kultur und Tradition,
  nach ihrer Überzeugung und in Lauterkeit des Herzens
  nach Erlösung und dem Sinn des Lebens streben. – R

  Für die Mächtigen in unserem Land und überall auf der Welt. – R

  Für die Notleidenden in allen Völkern und Kulturen. – R

  [Für [N. und] alle Verstorbenen in der Hoffnung auf ewiges Leben,
  in Gemeinschaft mit Christus. – R]

V *Gott,*
  du hörst jeden,
  der guten Willens zu dir ruft;
  dein Herz ist offen für alle Menschen.
  Dafür danken wir dir und preisen dich,
  vereint im Heiligen Geist,
  durch Jesus Christus, unseren Herrn.

ÖKUMENE – STREBEN NACH EINHEIT   116

V *Lasst uns beten zu Gott,*
   dem Vater aller, die an ihn glauben,
   dem Vater der ganzen Menschheit,
   dem Schöpfer der Welt:

R Du König des Himmels, erhöre uns.

L Für die christlichen Kirchen und für alle,
   die in ihnen Leitungsämter innehaben, besonders für jene,
   die sich um eine sichtbare Einheit aller Christen bemühen. – R

   Für unsere eigene Gemeinde in ihrem Auftrag,
   den Glauben an Jesus Christus zu bewahren
   und in der Welt zu bezeugen. – R

   Für unsere evangelische Nachbargemeinde N.,
   [für unsere orthodoxe/altkatholische/anglikanische Gemeinde N.,]
   für alle Getauften in unserer Stadt,
   besonders für jene, die sich für ein gemeinsames Zeugnis
   in der Gesellschaft einsetzen. – R

   Für alle, die angesichts ökumenischer Dialoge
   um die Wahrheit des Glaubens fürchten;
   für alle, die Angst haben vor dem Verlust
   ihrer kirchlichen Identität. – R

   Für alle, die schuldig geworden sind
   an ihren Schwestern und Brüdern im Glauben;
   in der eigenen Gemeinde
   und gegenüber anderen Konfessionen. – R

   Für alle Menschen in allen Völkern, Kulturen und Religionen,
   die lauteren Herzens nach dem Guten streben. – R

   [Für die Verstorbenen aus allen christlichen Kirchen,
   allen Religionen und Kulturen. – R]

V *Gütiger Gott,*
  du selbst hast dich deiner Kirche offenbart
  als Schöpfer, Bewahrer und Erlöser.
  Erhöre die Stimme derer, die an dich glauben,
  wende dich deiner Schöpfung zu
  und führe die ganze Welt zum Guten.
  Darum bitten wir dich im Heiligen Geist
  durch Jesus Christus, unseren Herrn.

IN ÖKUMENISCHEN GOTTESDIENSTEN   117
GEMEINSAMES ZEUGNIS

V *Lasst uns beten zu Gott,*
  dem Quell unseres Glaubens:

R Wir bitten dich, erhöre uns.

L Für unsere Gemeinschaft,
  für uns, die wir hier im Namen Christi versammelt sind,
  und für alle, mit denen wir den Alltag teilen. – R

  Für die Leiterinnen und Leiter unserer Kirchen
  und für uns alle, die wir Verantwortung tragen
  für das Zeugnis des Glaubens. – R

  Für alle Christinnen und Christen,
  die im Alltag gemeinsam eintreten
  für Frieden, Gerechtigkeit und Bewahrung der Schöpfung. – R

  Für alle, die sich schwertun,
  einander über die Grenzen der Konfessionen hinweg
  zu verstehen. – R

  Für alle, die unter der Trennung der christlichen Kirchen leiden;
  für die konfessionsverbindenden Familien;
  für alle, denen die Spaltung der Christenheit ein Ärgernis ist. – R

Für die Notleidenden und die Armen,
denen beizustehen Gott uns aufgetragen hat. – R

Für die Kranken
und für alle, deren Leben zur Qual geworden ist. – R

Für alle, die schuldig geworden sind
an Gott und den Menschen. – R

[Für unsere Verstorbenen [, besonders für N.]
und alle, die du einlädst zum ewigen, gemeinsamen Gastmahl. – R]

V   *Gott, gütiger Vater,*
du hörst auf dein Volk,
wenn es zu dir ruft mit vereinter Stimme.
Höre auch uns, wenn wir zu dir beten,
wende dich uns zu
und führe deine Kirche und die ganze Welt zu dir.
Darum bitten wir dich im Heiligen Geist
durch Christus, unseren Herrn.

In ökumenischen Gottesdiensten   118
Überwindung der Trennung

V   *Lasst uns beten zu Gott,*
dem Schöpfer und liebenden Bewahrer der Welt:

R   Kyrie eleison.

L   Für uns, die wir hier versammelt sind,
und für unsere Kirchengemeinden: – R

Für die Leiterinnen und Leiter unserer Kirchen,
für alle, die im Namen unserer Gemeinschaften versuchen,
die Spaltung zu überwinden
und die Einheit der Christen sichtbar werden zu lassen. – R

Für die Theologinnen und Theologen
und für alle, die auf der Suche nach der einen Wahrheit
unseres Glaubens sind. – R

Für die konfessionsverbindenden Ehepaare und Familien
und für alle, die in ihrem Alltag
die Grenzen zwischen unseren Kirchen überwinden. – R

Für die von uns, denen ökumenische Bemühungen fremd sind;
für alle, die dabei eine Verfälschung ihres Glaubens
und unredliche Kompromisse befürchten. – R

Für die von uns, die unter der Trennung der Christen leiden,
und für alle, denen die Spaltung der Kirche
zum Hindernis im Glauben geworden ist. – R

[Für die Verstorbenen aus unseren Gemeinden
und für alle Toten aus allen Zeiten,
allen Religionen und Kulturen. – R]

V *Gütiger Gott,*
   du bist der eine Ursprung und das eine Ziel deiner Kirche.
   Leite uns auf unseren Wegen, erhöre unsere Gebete
   und lass uns die Wahrheit erkennen, die zu dir führt.
   Darum bitten wir im Heiligen Geist
   durch Jesus Christus, unseren Herrn.

KRIEG UND FRIEDEN – TÄTER UND OPFER   119

V *In den Anliegen unserer Welt,*
die immer noch voll Unfrieden und Gewalt ist,
lasst uns beten zu Gott,
lasst uns beten um Frieden:

R Gott, sende herab deinen Geist.

L Für die Regierenden [im Nahen Osten, in N. und]
in allen Kriegsgebieten der Welt,
die mit ihren Entscheidungen
das Leben tausender Menschen beeinflussen. – R

Für die Soldatinnen und Soldaten,
seien sie erfüllt vom Streben nach Recht und Gerechtigkeit
oder beherrscht von Lust auf Gewalt und Vernichtung. – R

Für die Opfer von Kriegen und Hass,
die Ausgeraubten, Missbrauchten und Verschleppten,
die Verzweifelten und Trauernden,
die hilflos der Gewalt gegenüberstehen. – R

Für die Kinder in allen Kriegsgebieten,
die ihrer Gegenwart und oft auch ihrer Zukunft beraubt werden. – R

Für uns alle, die wir schon so lange
von Krieg in unserem Land verschont wurden
und doch selbst so viel Unfrieden in unseren Herzen tragen. – R

[Für die Verstorbenen,
besonders für alle Opfer von Kriegen, Terror und Gewalt. – R]

V *Gott,*
eile zu Hilfe,
wo Unfrieden, Wut und Gewalt herrschen.
Ja, auf dich hoffen wir,
denn du bist ein Gott des Friedens und der Versöhnung.

Zu dir beten wir, zu dir rufen wir im Heiligen Geist
durch Jesus Christus, unseren Herrn.

KRIEG UND FRIEDEN – LEID   120

V *Lasst uns beten zum Gott Israels,*
   dem Gott des Friedens:

R Herr, erbarme dich unser.

L Für die Menschen [in … und]
   in allen Kriegs- und Krisengebieten der Erde. – R

   Für die verantwortlichen Politiker,
   in deren Händen das Schicksal der Staaten liegt. – R

   Für alle Menschen, die von Krieg und Terror betroffen sind;
   für die Kinder, die in Leid und Angst aufwachsen. – R

   Für alle Menschen, gleich welcher Nation und Religion,
   die im Kleinen und im Großen beitragen
   zu Frieden, Versöhnung und Verständigung. – R

   Für alle Menschen, die nicht verzeihen können;
   die Wut und Enttäuschung in sich tragen. – R

   Für alle Menschen, die in Unfrieden mit sich selbst leben. – R

   [Für alle Verstorbenen, besonders jene,
   die der Gewalt und Aggression zum Opfer fielen. – R]

V *Gott, du Gott des Friedens,*
   du liebst deine ganze Schöpfung
   und zeigst uns den Weg zur Versöhnung.
   Sei gepriesen, du guter Gott,
   und höre unser Rufen im Heiligen Geist
   durch Jesus Christus, unseren Herrn.

TERROR 121

V *Gott spricht uns seinen Frieden und seine Barmherzigkeit zu.*
Zu ihm lasst uns voll Vertrauen beten:

R Gott, sende herab deinen Geist.

L Für [die Opfer des Anschlags von … und]
alle Opfer von Terror und Gewalt. – R

Für alle, deren leibliche und seelische Gesundheit
durch Hass und Brutalität zerstört wurde. – R

Für alle, die voller Angst
vor Anschlägen und Terrorakten leben. – R

Für alle, die selbst zu Tätern wurden,
die Gewalt verüben, die das Leben anderer zerstören. – R

Für alle, die sich um Frieden und Gerechtigkeit bemühen:
in ihren Familien und im Freundeskreis,
in ihren Städten und Ländern,
im Dialog zwischen den Völkern, Kulturen und Religionen. – R

[Für alle Toten,
besonders für die Opfer von Gewaltakten
und für jene, die voller Hass und Unfrieden gestorben sind. – R]

V *Gott, du Freund des Lebens,*
sei uns nah in unseren Nöten und wirke Gutes in aller Welt.
Darum bitten wir dich im Heiligen Geist
durch Jesus Christus, unseren Herrn.

POLITIK – GERECHTIGKEIT – STAAT   122

V *Lasst uns beten zu Gott, dem Herrn der Welt:*

R Gott, sende herab deinen Geist.

L Für die Politikerinnen und Politiker,
denen die Sorge um die Ordnung unseres Landes anvertraut ist. – R

Für die Regierenden in der ganzen Welt,
besonders in den Kriegs- und Krisengebieten. – R

Für die Anwälte und Richter, Polizisten und Beamten,
die im Dienst von Recht und Gerechtigkeit stehen. – R

Für alle Frauen, Männer und Kinder,
die sich in Familie und Freundeskreis
um Frieden und Versöhnung bemühen. – R

Für alle Menschen,
die ihre Macht über andere missbrauchen,
die ungerechte Strukturen propagieren und ausnützen
und auf Kosten anderer den eigenen Vorteil suchen. – R

Für alle Menschen,
die zu Opfern ungerechter Entscheidungen geworden sind;
für alle, die aufgrund ihrer Erfahrungen
das Vertrauen in die Menschen verloren haben. – R

[Für alle Verstorbenen,
besonders für die Opfer von Unrecht und Gewalt. – R]

V *Allmächtiger Gott,*
der du die Niedrigen erhöhst
und die Mächtigen vom Thron stürzt,
lenke unsere Schritte und führe uns deine Wege,
erhöre unser Rufen und erbarme dich der Schwachen.
Darum bitten wir dich im Heiligen Geist
durch Jesus Christus, unseren Herrn.

NATIONALFEIERTAG 123

V *Als Glieder der Kirche Jesu Christi*
lasst uns gemeinsam beten zu Gott, unserem Vater:

R Herr, erbarme dich.

L Für unser Land, besonders für die Frauen und Männer,
die als Politiker, Richter und in öffentlichen Diensten
unser Land regieren und verwalten. – R

Für uns selbst
in unserer Verantwortung für Frieden, Freiheit und Gerechtigkeit. – R

Für die Polizisten, die Soldaten und auch für jene,
die staatliche Machtausübung und Gewaltanwendung ablehnen. – R

Für alle, die als Ausländer in unserem Land leben,
besonders diejenigen,
die aus Angst vor Verfolgung bei uns Aufnahme suchen. – R

Für alle Menschen, die in unserem Land
Opfer von Rassismus und Ausländerfeindlichkeit geworden sind. – R

Für die Kinder und Jugendlichen,
die nach uns die Gesellschaft gestalten und prägen werden. – R

Für alle Menschen, die mitten unter uns
in Armut und Obdachlosigkeit, in Angst und Verzweiflung leben. – R

[Für die Verstorbenen,
besonders die Opfer von Kriegen zwischen den Völkern. – R]

V *Allmächtiger Gott,*
du hältst deine Hand über alle Völker.
Hilf, dass in unserem Land die Liebe wachse,
Frieden und Gerechtigkeit blühe
und deine Menschenfreundlichkeit sichtbar werde.
Darum bitten wir im Heiligen Geist
durch Jesus Christus, unseren Herrn.

FÜR DIE EIGENE STADT   124

V *Lasst uns beten zu Gott, der uns in Liebe nahe ist,*
   wann immer wir zu ihm beten:

R Kyrie eleison.

L Für unsere Gemeinde
   und für alle Christinnen und Christen in N. – R

   Für alle religiösen Gemeinschaften in unserer Stadt
   [besonders für die jüdische Gemeinde, für die Muslime …],
   für alle, die nach Wahrheit und Sinn suchen. – R

   Für alle, mit denen wir zusammenleben,
   Nachbarn, Arbeitskollegen und Mitschüler. – R

   Für alle Menschen in unserer Stadt,
   die zerstritten sind und nicht mehr miteinander reden,
   die in zerrütteten Familien und Beziehungen leben müssen. – R

   Für alle Menschen in unserer Stadt, die arm sind und arbeitslos,
   einsam und verzweifelt. – R

   Für alle Menschen in unserer Stadt,
   die hier als Flüchtlinge eine neue Heimat suchen,
   die unsere Sprache nicht verstehen
   und in der neuen Umgebung keinen Halt finden. – R

   Für alle Menschen überall auf der Welt,
   für die Völker der Erde und für die, die sie regieren. – R

   [Für unsere Verstorbenen, Verwandten und Freunde,
   für alle Toten, deren Leben nun ganz in Gottes Händen ruht. – R]

V *Guter Gott, du hältst deine schützende Hand über uns,*
   du hörst uns in unseren Sorgen und in unseren Bitten.
   Erhöre unser Gebet und erbarme dich unser.
   Darum bitten wir dich im Heiligen Geist
   durch Jesus Christus, unseren Herrn.

HEIMAT – FLÜCHTLINGE 125

V *Gott hält uns alle voll Liebe in seiner Hand.*
So lasst uns voll Zuversicht zu ihm beten:

R Erhöre uns, o Herr.

L Für alle Menschen, die ihren Platz in der Welt gefunden haben;
an ihrem Lebensort, in ihren menschlichen Beziehungen,
in ihrem Beruf, in ihrem Glauben. – R

Für alle Frauen und Männer,
die unser Land in Politik, Wirtschaft und Kultur mitgestalten. – R

Für alle Flüchtlinge,
die sich in einer neuen Umgebung zurechtfinden müssen,
in der sie oft nicht willkommen sind;
besonders für die Opfer von Krieg und Verfolgung,
die in unserer Stadt, in unserem Land leben. – R

Für alle, die Gewalt verüben, Ausbeutung und Unterdrückung;
die andere Menschen ihrer Freiheit und Sicherheit berauben. – R

Für alle Menschen, die ziellos sind
in ihrem Suchen nach Sinn und Glück,
nach Wahrheit und nach Gott. – R

[Für alle Toten,
besonders die Opfer von Kriegen und Vertreibungen. – R]

V *Gott,*
du bietest jedem Menschen eine Heimat in deiner schützenden Hand.
Lass auf der Erde deine Menschenfreundlichkeit sichtbar werden,
deine Herrlichkeit und Liebe.
Darum bitten wir dich im Heiligen Geist
durch Jesus Christus, unseren Herrn.

PILGER – GASTFREUNDSCHAFT REISENDE   126

V *Lasst uns beten zu Gott*
   um Schutz für alle Menschen auf ihren Wegen:

R Erbarme dich deines Volkes.

L Für die Kirche und für alle,
   die in ihr nach geistlicher Heimat suchen. – R

   Für alle Menschen, die auf der Suche nach Gott sind. – R

   Für die Reisenden,
   besonders für die Pilger,
   die sich öffnen für Gottes Wort. – R

   Für die Urlauber, die Kraft schöpfen für den Alltag
   und ihren Blick auf die Schönheit der Schöpfung richten. – R

   Für alle Menschen, die Gäste beherbergen;
   im Privaten und im Tourismus,
   beruflich und unentgeltlich. – R

   Für alle, die in ihrem Leben nach Orientierung suchen,
   die unsicher sind auf ihren Wegen. – R

   [Für [N. und] alle Verstorbenen,
   deren Dasein ganz in Gottes Händen liegt. – R]

V *Allmächtiger Gott,*
   du willst unsere Wege zum Guten führen,
   zur Freude und zum Leben.
   Erhöre unsere Bitten
   und wandle alle Not in ewiges Heil.
   Darum bitten wir dich im Heiligen Geist
   durch Jesus Christus, unseren Herrn.

NATURKATASTROPHEN   127
UNGLÜCKSFÄLLE

V *Lasst uns beten zu Gott,*
der uns einlädt, zu ihm zu rufen in aller Not:

R Kyrie eleison.

L [Für die Opfer des ... in ...,]
für alle Opfer von Unglücksfällen und Naturkatastrophen;
für jene, die um Angehörige trauern,
die verletzt und verzweifelt sind;
die Hab und Gut verloren haben. – R

Für alle, die sich um die Opfer von Katastrophen kümmern;
als Ärzte und Pfleger, als Seelsorger und Psychologen
[für alle, die bei Aufräumarbeiten helfen
und nach Überlebenden suchen]. – R

Für alle, die in Organisation und Politik
oder durch Spenden zur Hilfe beitragen. – R

Für alle, die angesichts von Schicksalsschlägen und Naturgewalten
nicht mehr an einen guten Gott glauben können. – R

Für alle, die ihren Lebensmut verloren haben. – R

[Für [die Toten, um die wir in diesen Tagen trauern, und für]
alle Opfer von Katastrophen,
die plötzlich aus dem Leben gerissen wurden. – R]

V *Gott,*
wir rufen zu dir, du Freund des Lebens.
Wende dich deiner Schöpfung zu und erhöre unser Gebet,
das wir vor dich tragen im Heiligen Geist
durch Jesus Christus, unseren Herrn.

HUNGER   128

V *Lasst uns beten zu Gott, dem barmherzigen Retter der Menschen:*

R Wir bitten dich, erhöre uns.

L Für unsere Kirche und die ganze Christenheit,
    besonders für jene Frauen und Männer,
    die im Namen Jesu Christi Hungernde und Kranke versorgen. – *R*

   Für die Menschen, die Hunger leiden,
   hier in unserem Land und überall auf der Welt
   [besonders in N.]. – *R*

   Für die Kinder, denen durch Hunger, Krieg und Vertreibung
   Entwicklungsmöglichkeiten genommen werden
   und die in ständiger Angst und Not aufwachsen. – *R*

   Für die Menschen, die vom Tod bedroht sind,
   die Angst haben, den morgigen Tag nicht mehr zu erleben. – *R*

   Für die Menschen in allen Ländern, Kulturen und Religionen,
   die ihr Leben in den Dienst der Notleidenden stellen. – *R*

   Für die Menschen, deren Seele ausgedörrt ist
   trotz materiellem Überfluss. – *R*

   [Für unsere Verstorbenen und alle Toten,
   die gerufen sind zum Gastmahl der ewigen Herrlichkeit. – *R*]

V *Allmächtiger Gott,*
    die Hungernden erfüllst du mit deinen Gaben,
    du selbst willst unsere Nahrung und Erfüllung sein.
    Erhöre unsere Bitten, die wir vor dich tragen,
    wandle du alles Leid in Freude und allen Tod in Leben.
    Darum bitten wir dich im Heiligen Geist
    durch Jesus Christus, unseren Herrn.

ARMUT   129

V *Lasst uns beten zu Gott, dem Schöpfer der Welt,*
   dem Retter der Armen und Schwachen:

R Erbarme dich deines Volkes.

L Für die Kirche,
   besonders für die Frauen und Männer, die sich durch Wort und Tat
   in den Dienst der Armen und Notleidenden stellen. – R

   Für die Menschen, deren finanzielle Existenz bedroht ist,
   besonders für jene,
   die in unserem Land plötzlich von Armut bedroht werden. – R

   Für die Menschen, die obdachlos sind,
   besonders für jene,
   die im Alltag zu Opfern von Aggression und Hass werden. – R

   Für die Familien, die in Armut leben, besonders
   für die Kinder, denen Entwicklungsmöglichkeiten fehlen. – R

   Für alle Menschen auf der ganzen Welt, die Hunger leiden,
   besonders für jene,
   die Tag für Tag um ihr Überleben kämpfen müssen. – R

   Für alle Menschen, die traurig, verzweifelt und verbittert sind,
   besonders für jene, die mitten unter uns
   ein Leben voller Leid und Unzufriedenheit führen. – R

   [Für die Verstorbenen,
   besonders für [N. und für] alle,
   an die wir uns in dieser Stunde erinnern. – R]

V *Gütiger Gott,*
   du hältst deine Hand über die Armen und Leidenden,
   denn du bist gütig und menschenfreundlich.
   Erhöre unsere Gebete,
   nimm dich der Nöte der Menschen an

und führe die Welt zum Guten.
Darum bitten wir dich im Heiligen Geist
durch Jesus Christus, unseren Herrn.

BEWAHRUNG DER SCHÖPFUNG   130
EINE WELT

V   *Lasst uns beten zu Gott*
    in den Anliegen der ganzen Welt,
    die er aus Liebe erschaffen hat:

R   Schenk uns dein Erbarmen.

L   Für die Kirche, besonders für die von uns,
    die sich um eine gerechte Ordnung der Welt
    und um die Bewahrung der Schöpfung bemühen. – R

    Für alle Menschen in allen Völkern, Kulturen und Religionen,
    die sich einsetzen
    im Kampf gegen Krankheiten, Unfrieden und Zerstörung. – R

    Für alle Menschen,
    die in Politik, Wirtschaft und Kultur die Hebel bewegen
    und deren Entscheidungen die Zukunft der Erde nachhaltig prägen
    werden. – R

    Für alle Menschen, die sich in Familie und Freundeskreis
    um Frieden und Gerechtigkeit bemühen. – R

    Für alle Menschen, die schwach und einflusslos sind:
    die Hungernden, die Unterdrückten und die Armen,
    die Kranken und die Opfer von Kriegen und Katastrophen,
    die Obdachlosen und die Flüchtlinge auf der ganzen Welt. – R

    [Für die Verstorbenen überall auf der Welt
    und zu allen Zeiten der Geschichte. – R]

V *Gott,*
   das Wohlergehen der ganzen Welt ist dein Ziel.
   So können wir dir unsere Bitten,
   unsere Hoffnungen und Sehnsüchte anvertrauen.
   Erhöre uns, wirke Heil für die eine Welt,
   für deine geliebte Schöpfung.
   Darum bitten wir dich im Heiligen Geist
   durch Jesus Christus, unseren Herrn.

ARBEIT – ARBEITSLOSIGKEIT – EHRENAMT   131

V *Lasst uns beten zu Gott,*
   der unser Dasein trägt und für uns das Gute will:

R Erbarme dich deines Volkes.

L Für die Kirche und für alle,
   die in ihr haupt- und ehrenamtlich arbeiten. – R

   Für alle, die im Berufsleben Erfüllung finden,
   die ihre Kräfte voll Freude in der täglichen Arbeit einsetzen. – R

   Für alle, die unter ihrer Arbeit leiden;
   die von Stress und Ängsten geplagt sind;
   die schikaniert und ausgenutzt werden;
   die sich vor dem Verlust ihres Arbeitsplatzes fürchten. – R

   Für alle, die arbeitslos sind, die sich nutzlos fühlen;
   an deren Kräften und Ideen niemand Interesse hat. – R

   Für alle, die sich ihrer Familie und ihren Freunden widmen;
   die ehrenamtlich helfen in sozialen und ökologischen Diensten;
   deren Tun oft unbeachtet und ohne Würdigung bleibt. – R

   Für die alten Menschen, die nicht mehr erwerbstätig sind;
   und für alle Kranken an Leib und Seele,
   deren Arbeitskraft gering ist. – R

[Für [N. und] alle Verstorbenen,
auf deren ewiges Leben in Fülle wir hoffen. – R]

V *Gott, du rufst uns als Arbeiterinnen und Arbeiter in deinen Weinberg.*
Erhöre unsere Bitten und lass unser Mühen gute Früchte tragen.
Darum bitten wir dich im Heiligen Geist
durch Jesus Christus, unseren Herrn.

ARBEITGEBER UND ARBEITNEHMER   132

V *Lasst uns beten zu Gott, der die Welt aus Liebe erschaffen hat*
und der für uns alle das Gute will:

R Herr, erbarme dich.

L Für unsere Kirche und alle, die in ihr Verantwortung tragen
für Leitung und Verkündigung. – R

Für alle, die unser Land regieren, es verwalten und gestalten. – R

Für alle Unternehmer und Arbeitgeber. – R

Für die Arbeitnehmer
und auch für die, die unentgeltlich arbeiten
in Familien, in Vereinen und in sozialen Diensten. – R

Für die Arbeitsuchenden;
für alle, die die Hoffnung verloren haben,
für die vielen unentdeckten Talente. – R

Für alle Kranken an Leib und Seele
und für jene, die am Rand der Gesellschaft stehen
und kaum Beachtung finden. – R

Für die Trauernden, die Verzweifelten,
die Enttäuschten mitten unter uns. – R

[Für die Verstorbenen, deren Weg wir in Gottes Hände legen. – R]

V *Guter Gott,*
   voll Liebe schaust du auf uns,
   auf unser Gelingen und unser Scheitern;
   auf unser Arbeiten und unser Beten.
   Erhöre uns in unseren Nöten,
   die wir vor dich tragen im Heiligen Geist
   durch Jesus Christus, unseren Herrn.

SOZIALE BERUFE   133

V *Lasst uns beten zu Gott, der unser Dasein trägt*
   und für uns das Gute will:

R Erhöre unser Gebet.

L Für unsere Kirche und alle christlichen Kirchen
   in ihrer Berufung zum Zeugnis der Frohen Botschaft. – *R*

   Für alle Politikerinnen und Politiker
   in ihrem Auftrag,
   zum Wohl der Kranken und Schwachen beizutragen. – *R*

   Für alle, die in sozialen und medizinischen Berufen tätig sind:
   Ärzte, Pfleger und Erzieher in ihrem Dienst an den Menschen. – *R*

   Für alle, die unentgeltlich für Kranke und Schwache arbeiten:
   in den Familien, Kirchengemeinden und sozialen Einrichtungen. – *R*

   Für alle, die selbst krank sind;
   denen Kraft und Gesundheit fehlt;
   die angewiesen sind auf mitmenschliche Hilfe. – *R*

   Für alle Sterbenden
   und für die, die sie in ihren letzten Tagen und Stunden begleiten. – *R*

   [Für [N. und] alle Verstorbenen;
   die, die wir kannten,
   und die, von denen wir nichts wissen. – *R*]

V *Gütiger Gott,*
   mag die Welt auch Leid hervorbringen,
   so vermagst du doch Gutes zu bewirken.
   So vertrauen wir dir unsere Bitten an;
   wir loben dich und preisen dich im Heiligen Geist
   durch Jesus Christus, unseren Herrn.

MEDIEN – WISSENSCHAFT   134

V *Gott lädt uns ein,*
   vor ihn zu treten mit allem,
   was uns auf dem Herzen liegt.
   Zu ihm lasst uns beten:

R Herr, erbarme dich unser.

L Für die Gemeinden und Gemeinschaften in unserer Kirche;
   für alle christlichen Kirchen, die beauftragt sind,
   der Welt Gottes Liebe zu bezeugen. – R

   Für die Lehrer, Erzieher und Wissenschaftler,
   die das Menschenbild und Weltbild
   der späteren Generationen mitprägen. – R

   Für alle, die in Kunst, Kultur und Medienbetrieben arbeiten,
   die die Meinungen und das Wissen,
   die Visionen und die Ängste der Menschen beeinflussen. – R

   Für die Mächtigen in Staat und Gesellschaft, die mit ihren
   Entscheidungen das Leben auf der Erde mitgestalten. – R

   Für alle, denen Erfolg und Einfluss versagt bleiben,
   die keine Fürsprecher und keine Lobby haben. – R

   [Für [N. und] alle, die verstorben sind,
   deren Stimme nur Gott hören
   und deren Sehnsucht er allein erfüllen kann. – R]

V *Gütiger Gott, du hörst das Rufen derer, die sich an dich wenden,*
mag ihre Macht auf Erden auch gering sein.
Du wendest dich uns zu und kommst unserer Schwachheit entgegen.
Sei gelobt und gepriesen, du liebender Gott,
im Heiligen Geist durch Jesus Christus, unseren Herrn.

KUNST – MUSIK   135

V *Lasst uns beten zu Gott*
voll Vertrauen auf seine Menschenfreundlichkeit und Liebe:

R Gott, sende herab deinen Geist.

L Für unsere Kirche, für alle christlichen Kirchen;
für alle, die beauftragt sind,
Diözesen, Gemeinden und Gemeinschaften zu leiten. – R

Für unser Land, für alle Länder der Erde;
für alle, die in Politik und Wirtschaft, in Kultur und Erziehung
besondere Verantwortung tragen. – R

Für alle, die nach dem Wahren, Guten und Schönen suchen;
für die Künstler und Musiker,
die unsere Sinne für Gott und die Welt zu öffnen vermögen. – R

Für die Notleidenden bei uns und in der ganzen Welt;
für die Verarmten und die Hungernden, die Kranken
und die Verzweifelten; für alle, die ums Überleben kämpfen. – R

Für unsere Gemeinden und Gemeinschaften;
für uns alle in unserer Suche nach Gott. – R

[Für die Verstorbenen; für die, die wir vermissen,
und für die, an die sich niemand mehr erinnert. – R]

V *Gott, du liebender Schöpfer der Welt,*
du bist uns nahe, wenn wir zu dir beten.

Dafür danken wir dir und loben dich im Heiligen Geist
durch Jesus Christus, unseren Herrn.

WELTRELIGIONEN   136

V *Zu Gott, dem Schöpfer der Welt, lasst uns beten:*

R Kyrie eleison.

L Für unsere Gemeinde und für alle Christinnen und Christen
   in unserer Berufung, der Welt Gottes Liebe zu bezeugen. – R

   Für unsere Stadt, unser Land und alle Länder der Erde,
   denen Gott seinen Frieden schenken will. – R

   Für die Juden in unserem Land und auf der ganzen Welt,
   mit denen wir verbunden sind
   im Glauben an den einen Gott, der in die Freiheit führt. – R

   Für die Muslime in unserem Land und auf der ganzen Welt,
   mit denen wir verbunden sind
   im Glauben an den Gott Abrahams, den Schöpfer der Welt. – R

   Für die Angehörigen der großen Religionen und für alle Menschen,
   die ihren Überzeugungen und ihrem Glauben
   voll guten Willens folgen. – R

   Für die Menschen, die an keinen Gott und keine Erlösung glauben. – R

   [Für die Verstorbenen, die erfüllt waren vom Glauben an ewiges Heil,
   und auch für jene, die ohne Hoffnung von uns gegangen sind. – R]

V *Gott, du bist uns nahe, denn du liebst uns*
   und willst unsere Sehnsucht nicht unerfüllt lassen.
   Führe die Menschen aller Religionen und Weltanschauungen zum
   Heil. Darum bitten wir im Heiligen Geist
   durch Jesus Christus, unseren Herrn.

AM MORGEN 137

V *Lasst uns beten zu Gott,*
dem Schöpfer des Lichts,
der uns diesen neuen Tag geschenkt hat:

R Kyrie eleison.

L Für uns selbst an diesem neuen Tag,
mit all unseren Zielen und Plänen,
unseren Hoffnungen und Sorgen. – R

> *am Sonntag:*
> Für die ganze Kirche,
> die heute die Auferstehung Christi feiert. – R
>
> Für alle, die sich heute Zeit nehmen für Ruhe und Erholung. – R
>
> *an Werktagen:*
> Für alle, die heute vor schweren Entscheidungen stehen. – R
>
> Für alle, die sich ihren täglichen Aufgaben
> nicht gewachsen fühlen. – R

Für alle, die nicht wissen,
wie sie den heutigen Tag überleben können. – R

Für alle, die an diesem Tag auf Reisen sind. – R

[Für alle, die heute Nacht gestorben sind. – R]

V *Oration am Sonntag:*
Gott, du hast uns diesen neuen Tag geschenkt,
den Aufgang der Sonne als Abbild deiner Liebe,
als Abbild unserer Erlösung.
Hilf uns, an diesem Tag dein Wort zu hören,
deine Freundlichkeit zu erkennen und die Wege zu gehen,
die uns zum Leben in Fülle führen.
Darum bitten wir dich im Heiligen Geist
durch Jesus Christus, unseren Herrn.

Oration an Werktagen:
Gott, du hältst die Zeit in deinen Händen,
dein Segen geleitet uns durch Licht und Dunkelheit.
Gewähre uns am heutigen Tag deinen Schutz
und lass uns deine Gegenwart erfahren.
Darum bitten wir dich im Heiligen Geist
durch Jesus Christus, unseren Herrn.

AM ABEND 138

V *Lasst uns beten zu Gott, dem Licht unseres Glaubens*
und Ziel unserer Hoffnung:

R Kyrie eleison.

L Für alle Menschen,
die Christus als das Licht für die Völker verkünden. – R

Für alle Menschen,
die in der Dunkelheit ihres Daseins auf Licht hoffen. – R

an Sonntagen:
Für alle, die heute die Auferstehung Christi gefeiert haben. – R

Für alle,
die voll Hoffnung und Zuversicht eine neue Woche beginnen. – R

an Werktagen:
Für alle,
denen ihr eigenes Leben düster und hoffnungslos erscheint. – R

Für alle, die sich vor Gott, vor den Menschen
und vor sich selbst verstecken. – R

Für alle,
die sich fürchten vor den Dunkelheiten ihres Lebens:
Scheitern und Ungerechtigkeit, Sünde und Tod. – R

[Für [N. und] alle Verstorbenen
in der Hoffnung auf ewiges Licht. – R]

V Gott,
   du Gott, der stärker ist als alle Dunkelheit,
   du bist das Licht, das den Tod besiegt,
   du bist unser Weg ins Leben in Fülle.
   Dich loben wir, dich preisen wir im Heiligen Geist
   durch Jesus Christus, unseren Herrn.

ZUR NACHT   139

V *Lasst uns beten zu Gott,*
   der mit seiner Liebe alle Dunkelheit durchdringt:

R Kyrie eleison.

L Für uns selbst und alle Menschen,
   die in dieser Stunde mit uns in die Nacht eintreten. – R

   Für alle Menschen,
   die in dieser Nacht wachen und arbeiten. – R

   Für alle Menschen auf der anderen Seite der Erde,
   die in diesen Stunden einen neuen Morgen beginnen. – R

   Für alle Menschen,
   die sich nach Ruhe und Erholung sehnen. – R

   Für alle Menschen,
   die voll Sorge sind, diese Nacht nicht zu überleben. – R

   [Für alle Menschen,
   die in die Nacht des Todes eingetreten sind. – R]

V *Gott, halte deine Hand über uns,*
   wenn wir uns zur Ruhe begeben.
   Wache über uns, wenn uns niemand schützen kann als du allein.
   Segne uns und die ganze Welt in diesen Stunden
   und schenke uns einen neuen Tag voll Licht und Leben.
   Darum bitten wir dich im Heiligen Geist
   durch Jesus Christus, unseren Herrn.

GEBURTSTAG   140

V *An diesem festlichen Tag lasst uns beten zu Gott, unserem Vater:*

R Erhöre uns, o Herr.

L Für N. an ihrem/seinem Geburtstag. – *R*

   Für ihre/seine Angehörigen und Freunde
   und für uns alle, die wir hier versammelt sind. – *R*

   Für alle, die heute nicht mit uns feiern können. – *R*

   Für alle, die N. auf ihrem/seinem Lebensweg
   bis hierher geprägt und begleitet haben. – *R*

   Für alle, die am heutigen Tag keinen Grund zum Feiern haben. – *R*

   In unseren eigenen Anliegen. – *R*

   [Für die Verstorbenen, besonders für [N. und] alle,
   derer wir uns in dieser Stunde voll Dankbarkeit erinnern. – *R*]

V *Gütiger Gott,*
   deine schützende Hand hat uns bis hierher begleitet und gehalten.
   Segne unsere Zukunft,
   steh uns auf unseren Wegen bei und erfülle uns mit Freude.
   Darum bitten wir dich im Heiligen Geist
   durch Jesus Christus, unseren Herrn.

FAMILIENFEIERN 141

V *In dieser festlichen Stunde*
lasst uns voll Hoffnung und Vertrauen zu Gott beten:

R Wir bitten dich, erhöre uns.

L Lasst uns beten für uns selbst:
unsere Familie und alle, die wir hier versammelt sind. – R

Lasst uns beten für die, die uns nahestehen:
unsere Angehörigen, unsere Freunde,
[unsere Arbeits-/Schulkollegen,]
besonders die, die heute nicht mit uns feiern können. – R

Lasst uns beten für die, mit denen wir uns schwertun:
in der Familie, im Alltag, in der Nachbarschaft, in unserer Stadt. – R

Lasst uns beten für alle,
die uns auf unserem Lebensweg Gutes getan haben. – R

Lasst uns beten für alle, die unglücklich sind;
die in dieser Stunde keinen Grund zum Feiern haben. – R

Lasst uns beten für alle, die Hunger leiden, die krank sind,
und für alle, die keine Hoffnung haben. – R

Lasst uns in einem Moment der Stille
in persönlichen Anliegen beten. – R

[Lasst uns beten für alle aus unserer Familie,
die schon verstorben sind,
[hier können Namen eingefügt werden]
für alle verstorbenen Freunde und Bekannte,
[hier können Namen eingefügt werden]
und für alle Menschen, deren Leben zu Ende gegangen ist. – R]

V *Gütiger Gott,*
du hörst die Stimme derer, die zu dir rufen.

So vertrauen auch wir uns dir an,
denn du bist groß in deiner Liebe und Menschenfreundlichkeit.
Dich ehren wir, dir danken wir
im Heiligen Geist durch Jesus Christus, unseren Herrn.

SOMMER – FERIEN – URLAUB 142

V *Lasst uns beten zu Gott,*
der uns einlädt, vor ihn zu treten
mit allem, was uns auf dem Herzen liegt:

R Wir bitten dich, erhöre uns.

L Für alle Menschen, die ihr Leben
aus dem Glauben an Christus gestalten;
für alle, die ein Amt in der Kirche innehaben
und Verantwortung für die Weitergabe des Glaubens tragen;
für alle, die in Stille und Gebet Gott suchen. – R

Für alle Menschen, die in diesen Wochen Urlaub machen;
die Zeit mit ihren Familien und Freunden verbringen;
die sich ausrichten auf die Schöpfung,
die neue Kraft schöpfen für den Alltag. – R

Für alle Menschen, die in Krankheit und Not leben;
die keine Ruhe finden, denen das Leben eine Last ist;
die Armut und Hunger erleiden; die einsam und verlassen sind. – R

[Für alle Verstorbenen, deren Leben allein in Gottes Händen liegt;
besonders für jene, die sich in ihrem Leben eingesetzt haben
für Liebe unter den Menschen, für Frieden und Gerechtigkeit. – R]

V *Dich, Vater, preisen wir,*
denn du verschließt dein Ohr niemals für unsere Bitten.
Dafür loben wir dich und danken dir im Heiligen Geist
durch Jesus Christus, unseren Herrn.

ERNTEDANK 143

V *Lasst uns beten zu Gott, dem Quell aller Freude,*
dem Spender aller Nahrung,
dem Ursprung des Lebens:

R Herr, erbarme dich.

L Für uns, die wir hier [in Freude] versammelt sind,
für alle, die in dieser Stunde Gottesdienst feiern,
und für die ganze Kirche Jesu Christi. – R

Für die, die unsere Stadt verwalten,
für alle, die unser Land regieren,
und für die Menschen in allen Ländern der Welt. – R

Für die, die die Erde bebauen und ihre Früchte ernten,
für alle, die in der Landwirtschaft tätig sind,
und für alle, die durch ihre Arbeit
unsere Nahrung und unser Leben sichern. – R

Für die, die nicht genug zu essen haben,
für alle, die Hunger leiden,
und für alle Armen und Kranken,
alle Obdachlosen und Notleidenden auf der ganzen Welt. – R

[Für die Verstorbenen aus unserer Gemeinde,
für [N. und] alle,
die [im vergangenen Jahr] von uns gegangen sind,
und für alle Toten aus allen Völkern,
denen nur Gott allein Leben in Fülle schenken kann. – R]

V *Gütiger Gott,*
du bist der Schöpfer alles Guten,
du bist der Bewahrer und Retter der Welt.
Dafür danken wir dir, wunderbarer Gott,
wir loben dich und preisen dich
im Heiligen Geist durch Jesus Christus, unseren Herrn.

WINTER 144

V *Lasst uns voll Vertrauen unsere Bitten vor Gott tragen,*
  den Urheber und Bewahrer allen Lebens:

R Herr, erbarme dich unser.

L Für die christlichen Kirchen
  und alle, die dem Volk Gottes
  in Seelsorge und Gemeindeleitung dienen. – R

  Für die Regierenden, für alle Entscheidungsträger
  in Politik und Justiz, in Kultur und Wirtschaft. – R

  Für alle, die in den Wintermonaten um ihr Leben fürchten müssen;
  Kranke, Obdachlose und Hungernde,
  Flüchtlinge, Arme und Verfolgte. – R

  Für alle, die keine Hoffnung haben;
  Trauernde, Verzweifelte und Alleingelassene. – R

  [Für die Verstorbenen;
  für [N. und] alle Heimgegangenen aus unserer Gemeinde;
  für unsere Angehörigen und auch für alle unbekannten Toten. – R]

V *Allmächtiger Gott,*
  dir vertrauen wir uns an, zu dir rufen wir,
  denn du bist gut und wirkst Gutes.
  Wir ehren dich, wir preisen dich im Heiligen Geist
  durch Jesus Christus, unseren Herrn.

ZUM JAHRESSCHLUSS 145

V *Lasst uns in diesen Stunden, da das alte Jahr vergeht,*
  all unsere Bitten in Gottes Hände legen,
  der Raum und Zeit umfängt mit seiner Freundlichkeit und Liebe:

R Kyrie eleison.

L Lasst uns beten für unsere Gemeinschaft,
   für uns alle, die wir hier versammelt sind,
   und für die ganze Kirche Jesu Christi
   in der Hoffnung auf ein neues Jahr voll Leben und Segen. – R

   Lasst uns beten für die Völker der Erde,
   für die, die uns regieren, alle, die beauftragt sind,
   die Staaten der Welt zu Frieden und Freiheit zu führen. – R

   Lasst uns beten für alle,
   denen wir im vergangenen Jahr Böses angetan haben,
   für die, die uns verziehen haben,
   und auch für die, mit denen wir unversöhnt geblieben sind. – R

   Lasst uns beten für alle,
   mit denen wir im kommenden Jahr zusammenleben werden;
   in Familie und Freundeskreis, in Beruf und Kirche,
   besonders für die, die wir neu kennen lernen werden. – R

   Lasst uns beten für alle Menschen, die Not leiden,
   die Angst vor dem kommenden Jahr haben,
   für die die Zukunft eine Bedrohung darstellt. – R

   Lasst uns beten für alle Sterbenden, deren Zeit zu Ende geht,
   die in diesen Stunden zum letzten Mal
   einen Jahreswechsel miterleben. – R

   [Lasst uns beten für alle Verstorbenen, besonders für [N. und] alle,
   die im vergangenen Jahr von uns gegangen sind,
   und für alle, an die wir in diesen Stunden
   voll Dankbarkeit zurückdenken. – R]

V *Gott, du Herr über Zeit und Ewigkeit,*
   in deinen Händen liegt unser Geschick,
   unser Werden, Planen und Vergehen.
   Erhöre deine Kirche, die zu dir ruft,
   die dich ehrt und dir dankt
   im Heiligen Geist durch Jesus Christus, unseren Herrn.

ALLGEMEINE REIHE I   146

V *Gott ist voll Güte, Menschenfreundlichkeit und Liebe.*
   Lasst uns vertrauensvoll unser Gebet vor ihn tragen:

R Wir bitten dich, erhöre uns.

L Für unseren Bischof N. und unser ganzes Bistum;
   für unseren Papst N. und unsere ganze Kirche;
   für unsere Schwestern und Brüder in allen christlichen Kirchen,
   Gemeinden und Gemeinschaften. – R

   Für alle, die Verantwortung tragen in unserem Land;
   [für alle Politiker, Richter und Lehrer,
   für alle Journalisten, Künstler und Wissenschaftler;]
   für alle, die sich überall auf der Welt
   um Frieden, Gerechtigkeit und Wahrheit bemühen. – R

   Für alle Liebenden in Ehen, Familien und Partnerschaften;
   für alle, deren Liebe erloschen ist;
   für alle, die sich nach Zuwendung sehnen
   und doch nur Einsamkeit erfahren. – R

   Für alle, deren Leib voller Krankheit und Schmerzen ist;
   für alle, deren Seele voller Sorge und Verzweiflung ist;
   für alle, deren Leben voller Angst und Not ist. – R

   Für uns selbst, für unsere Gemeinde;
   für alle, die unter uns Sorge für ihre Nächsten tragen;
   für alle, die unter uns unbeachtet und unverstanden sind. – R

   [Für [N. und] alle Verstorbenen;
   für alle, die im Glauben an Erlösung von uns gingen;
   für alle, die starben ohne Hoffnung auf Leben in Fülle. – R]

V *Gott, du hörst unser Gebet,*
   du verstehst uns, noch ehe wie unsere Stimme zu dir erheben.
   Dafür danken wir dir und loben dich im Heiligen Geist
   durch Jesus Christus, unseren Herrn.

ALLGEMEINE REIHE II   147

V *Lasst uns beten zu Gott,*
   dem Urheber und Ziel unseres Daseins:

R Herr, erbarme dich unser.

L Für unsere Gemeinde,
   unsere Kirche und alle christlichen Kirchen;
   besonders für die Frauen und Männer,
   die in Leitung und Verkündigung
   besondere Verantwortung tragen. – *R*

   Für die Mächtigen;
   besonders für die, deren Entscheidungen
   das Leben der Menschen für lange Zeit beeinflussen. – *R*

   Für die Notleidenden;
   besonders für die, die jede Hoffnung verloren haben. – *R*

   Für die Opfer von Gewalt;
   besonders für die, die nicht mehr ans Gute glauben können. – *R*

   Für die Sterbenden;
   besonders für die,
   die ohne Trost und ohne Beistand ihrem Ende entgegengehen. – *R*

   [Für die Verstorbenen;
   besonders für [N.,] unsere verstorbenen Angehörigen
   und für alle Toten unserer Gemeinde. – *R*]

V *Gott,*
   du hast uns deine Treue zugesagt.
   So bitten wir dich:
   Erhöre unser Beten im Heiligen Geist
   durch Jesus Christus, unseren Herrn.

ALLGEMEINE REIHE III 148

V *Lasst uns beten zu Gott,*
der uns liebt und bei uns ist
in unseren Nöten:

R Du König des Himmels, erhöre uns.

L Für alle, die unsere Kirchen und Gemeinden leiten;
für alle, die sich bemühen um Einheit im Glauben. – R

Für alle, die über Macht verfügen;
in Politik, Kultur und Wissenschaft;
in Erziehung und Beratung. – R

Für alle, die verzweifelt sind
in Armut und Krankheit,
in Unterdrückung und Abhängigkeit;
für alle, die Angst haben vor jedem kommenden Tag. – R

Für unsere eigene Gemeinde,
für uns, die wir hier versammelt sind. – R

[Für alle Verstorbenen,
die, jeder menschlichen Macht entzogen,
allein in Gottes Hand liegen. – R]

V *Dir, Gott, sei Dank für deine Nähe,*
die du uns schenkst, noch ehe wir
unsere Stimme zu dir erheben.
Sei gelobt und gepriesen im Heiligen Geist
durch Jesus Christus, unseren Herrn.

ALLGEMEINE REIHE IV   149

V *Lasst uns Fürbitte halten in den Anliegen von Kirche und Welt:*

R Herr, erbarme dich.

L Lasst uns beten für unsere ganze Kirche
   und alle christlichen Kirchen,
   besonders für alle Frauen und Männer,
   die zur Seelsorge und Verkündigung beauftragt sind. – R

   Lasst uns beten für unser Land und alle Staaten der Erde,
   besonders für alle,
   die in Politik und Wirtschaft,
   in Medien und Wissenschaft Verantwortung tragen. – R

   Lasst uns beten für die Notleidenden unter uns
   und auf der ganzen Erde,
   besonders für alle, die verzweifelt und voller Angst sind.

   Lasst uns beten für unsere Gemeinde,
   besonders für alle,
   die in ihr Verantwortung für das gemeinsame Leben tragen. – R

   [Lasst uns beten für die Verstorbenen,
   besonders für alle, die ins Vergessen geraten sind. – R]

V *Barmherziger Gott,*
   du hast deinem Volk deine Nähe und Liebe offenbart.
   So vertrauen wir dir unsere Bitten an,
   wir danken dir, dass du uns hörst.
   Dich loben wir, dich preisen wir im Heiligen Geist
   durch Jesus Christus, unseren Herrn.

ALLGEMEINE REIHE V 150

V *Hier besteht die Wahl zwischen einer längeren und – wenn man die eingeklammerten Teile weglässt – einer sehr kurzen und schlichten Fürbittreihe:*

V *Lasst uns beten zu Gott im Vertrauen auf seine Hilfe:*

R Kyrie eleison.

L Für unseren Papst N., unseren Bischof N.,
[für unsere Priester und Diakone,
für alle, die sich in den Dienst ihrer Kirchen und Gemeinden stellen;]
und für die ganze Christenheit. – R

Für die Menschen, die uns regieren;
[für alle, die sich um Recht und Gerechtigkeit bemühen;]
und für alle Völker der Erde. – R

Für die Opfer von Armut und Krankheit, von Unrecht und Gewalt,
[für alle, die keine Hoffnung mehr haben,
und für alle, die vor Not und Angst
nicht mehr weiterwissen.] – R

Für unsere Gemeinde,
[für alle, die in unserer Mitte das Zusammenleben gestalten;
für alle, die am Rand unserer Gemeinschaft stehen,
und für alle, die bei uns eine geistliche Heimat suchen.] – R

[Für die Verstorbenen,
[für alle, die uns als Zeugen des Glaubens vorausgegangen sind,
und für alle Toten aus allen Völkern und allen Zeiten.] – R]

V *Du, Gott, hörst unsere Bitten;*
du vermagst alle Not in Leben zu verwandeln.
Dafür danken wir dir und preisen dich im Heiligen Geist
durch Jesus Christus, unseren Herrn.

Liborius Olaf Lumma

Geboren 1973 in Siegen/Westfalen, 1993–2002 Benediktinermönch in der Abtei Königsmünster (Meschede), 1995–2002 Studium der Katholischen Theologie und Philosophie an den Universitäten Münster und München und der Hochschule für Philosophie München, 2003–2006 Doktoratsstudium in Liturgiewissenschaft an der Universität Innsbruck, 2005–2006 Projektleiter eines Forschungsprojekts des Tiroler Wissenschaftsfonds über Gregorianischen Choral, 2006 Dr. theol., seit 2006 Wissenschaftlicher Mitarbeiter am Institut für Bibelwissenschaften und Historische Theologie der Universität Innsbruck.

Tätig in der Jugend- und Erwachsenenbildung, Autor zahlreicher Predigt- und Gottesdienstentwürfe für die Zeitschriften „Die Botschaft heute" und „WortGottesFeiern".

2005: „Unser Lebensatem, der Gesalbte des Herrn. Eine Kreuzwegandacht." (Bonifatiusverlag Paderborn).